LE

PARIS DES ENFANTS

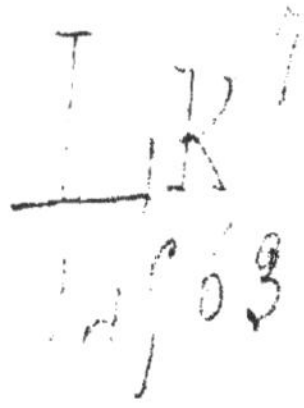

CORBEIL, TYPOGRAPHIE ET STÉRÉOTYPIE DE CRÉTÉ ET FILS.

LE
PARIS
DES
ENFANTS
G. Fath
MINNE.

LE PARIS DES ENFANTS

PETIT VOYAGE A TRAVERS LA GRANDE VILLE

ÉCRIT ET ILLUSTRÉ

PAR

GEORGES FATH

PARIS
LIBRAIRIE DE L. HACHETTE ET Cie
BOULEVARD SAINT-GERMAIN, N° 77

1869

A

TOUS MES CHERS PETITS COMPATRIOTES

DE PARIS ET DES DÉPARTEMENTS

Voici un livre où il n'est question ni de mise en pénitence, ni de *pensums*, ni de pain sec, ni de privation de dessert, en un mot, de rien qui soit pénible, affligeant.

Il prétend que tous les enfants sont sages, et partant ne leur adresse pas la plus légère remontrance.

Il ressemble d'un bout à l'autre à un jour de congé.

On y fait de longues promenades à pied, en voiture et sur l'eau.

On y voit tous les genres d'animaux, depuis les plus féroces jusqu'aux plus affectueux ; tous les spectacles, depuis Guignol jusqu'à Robert-Houdin ; tous les jardins publics, depuis le Jardin d'Acclimatation jusqu'au Parc Monceaux.

On y parle de choses vraiment curieuses. De plus, on y mange des gâteaux, des bonbons, beaucoup de bonbons, beaucoup de gâteaux ; enfin c'est un livre très-remarquable.

Lisez-le donc, et surtout, surtout !... recommandez-le bien vivement à tous vos petits amis sans nulle exception.

Ah ! j'allais oublier de vous dire que ce livre, entièrement illustré, renferme des portraits peu ordinaires, notamment celui de monsieur le LION et de madame la LIONNE vus dans leur intérieur, au saut du lit.

On y a aussi représenté GRINGALET, la MÈRE TRINQUEFORT, GUIGNOL, des amas de bonbons, une famille d'ours d'un naturel très-aimable, des gâteaux, des cygnes, des polichinelles, un jaguar, des poupées, des perroquets, des chacals, etc., etc.., tout ça pêle-mêle avec la célèbre marmite des Invalides et les coulisses du théâtre Séraphin.

Ce qui forme un ensemble de *soixante-deux* belles images, dessinées d'après nature dans l'unique but de vous être agréable.

Cela dit, chers enfants, je vous fais ma plus gracieuse révérence, en vous priant de me croire votre affectueusement dévoué,

GEORGES FATH.

CHAPITRE PREMIER

L'ARRIVÉE

A l'un des angles de la place de la Madeleine et du boulevard Malesherbes, aujourd'hui l'un des plus beaux quartiers de Paris, on remarque une maison de grande apparence, dont les cinq fenêtres du premier étage s'ouvrent sur un balcon de pierre artistement sculpté.

Une petite fille d'une dizaine d'années se tenait depuis plus d'une heure en sentinelle sur ce balcon.

Tous ses mouvements décelaient une grande impatience. Accoudée, elle battait la mesure avec ses doigts ; assise, elle la battait avec ses pieds ; debout, elle parcourait son observatoire dans toute son étendue, soit par bonds, soit en dansant, soit à cloche-pied, et cela sans cesser un seul instant de surveiller les abords de la rue Tronchet.

— Les vilains ! ils ne viendront pas, s'écriait-elle de temps en temps avec dépit. Et elle continuait son manége.

Une gracieuse femme de trente ans à peine se montrait

à de courts intervalles derrière le rideau d'une fenêtre et souriait en observant la petite fille.

C'était sa mère, madame Leroy.

— Hé bien, Charlotte? dit-elle tout à coup en paraissant sur le balcon.

— Oh! maman, je ne les vois pas venir, et je crains maintenant qu'ils nous aient oubliées.

— Et cela te désole ?

— Beaucoup, maman. C'est égal, ce n'est pas beau d'écrire qu'on se met en route pour vous rendre visite, et de rester chez soi. Je ne connais pas mon oncle, mais je suis presque certaine qu'il n'est pas aimable du tout.

— Vraiment, ma fille ?

— Oui, maman.

— Il me semble que tu le juges bien sévèrement.

— Oh! pas du tout.

— Tu as donc oublié ce que je t'ai dit ?

— Quoi ? petite mère.

— Que ton oncle et ses enfants ne pourraient être ici avant onze heures.

— Il doit être plus de onze heures, répondit Charlotte.

— Il en est à peine dix, ma chère fille.

— Eh bien, ils auraient dû venir plus tôt, puisque je les attends.

— Avant tout, ils auraient dû le deviner, et ensuite décider le chemin de fer à partir deux heures d'avance, ce qui est impossible.

— Oh! en payant, répliqua Charlotte d'un air capable.

— Cela ne se peut pas davantage en payant, ma chère fille, car les chemins de fer sont soumis à des règlements dont ils ne peuvent s'écarter sans occasionner de grands malheurs.

— Alors ils auraient mieux fait de venir en voiture, fit Charlotte.

— Où en bateau ou à pied, répliqua en riant madame Leroy.

— Maman, tu te moques de moi.

— C'est que tu n'es pas suffisamment raisonnable, mon enfant. Allons, laissons cela, et, puisqu'il te reste une heure à attendre, tu feras bien d'aller disposer ta chambre pour recevoir convenablement tes cousines, qui sont des personnes de ton âge, et préparer des joujoux pour ton petit cousin, un cavalier de six ans, que votre conversation très-grave pourrait bien ne pas intéresser.

— C'est vrai, maman, je cours m'en occuper.

— Va, ma fille, j'irai tout à l'heure jeter un coup d'œil sur tes préparatifs.

Charlotte, heureuse de faire diversion à son impatience, se rendit aussitôt dans la pièce qui lui était exclusivement réservée, c'est-à-dire où se trouvaient son lit, sa toilette, et mille petites choses à son usage.

Arrivée là, elle s'assit devant une table et se mit à réfléchir le front dans ses deux mains. Elle voulait se bien pénétrer de ses devoirs de maîtresse de maison.

Enfin, sa méditation ayant porté ses fruits, elle se leva et fit les jolis apprêts qu'on va voir.

La chambre de Charlotte était aussi spacieuse qu'une chambre de grande personne. La petite fille commença par disposer des siéges autour de la table où elle faisait habituellement ses devoirs, et où se trouvaient en évidence ses plus beaux livres et ses plus beaux albums.

Ceci était le côté sérieux de l'installation, et allait lui permettre de faire asseoir convenablement ses cousines et de leur procurer les plaisirs de l'esprit.

Il fallait songer maintenant aux choses purement agréables.

Charlotte avait une très-jolie collection de poupées fabriquées et élevées dans les meilleures maisons de Paris, où l'on n'avait rien négligé pour leur éducation. Elles y avaient reçu les meilleures leçons de maintien, de grâce et d élégance.

Elles savaient être charmantes sans afféterie ; leur distinction était réelle.

Charlotte, désirant les mettre de moitié dans la belle réception qu'elle préparait à ses petits parents, les plaça debout, sur deux rangs, à l'entrée de sa chambre, afin qu'elles se tinssent là comme pour les saluer au passage.

C'était une idée aussi ingénieuse que délicate.

Cela terminé, elle songea à son petit cousin qui, ainsi que l'avait fait observer madame Leroy, ne pouvait décidément prendre part aux jeux de jeunes filles qui avaient presque le double de son âge.

Elle accoupla donc deux fauteuils et les couvrit de joujoux tirés d'une armoire où ils étaient relégués depuis que Charlotte, devenue raisonnable, ne s'occupait plus que de ses devoirs et de ses poupées.

Ces anciens jouets se composaient de bergeries, d'arches de Noé, de cuisines, de ménages, de théâtres, de jeux de patience, de ballons, de balles, de lapins à musique, etc., etc., enfin de jouets plus spécialement destinés aux petites filles.

Toutes ces choses réunies formaient un ensemble fort attrayant et de nature à enchanter le petit cousin.

Charlotte admirait consciencieusement son ouvrage lorsque sa mère entra.

Madame Leroy sourit des heureuses imaginations de sa fille.

— A la bonne heure ! voilà qui est tout à fait joli ! s'écria-t-elle.

— N'est-ce pas, maman ?

— Oui, ma fille, tu as compris qu'il fallait faire tous ses efforts pour bien recevoir les personnes qui se donnent la peine de nous venir voir.

— Quand ce sont nos parents surtout, ajouta Charlotte.

— Oui, car dans ce cas-là notre politesse doit être plus affectueuse encore. Je te recommande donc d'avoir une parfaite égalité d'humeur avec tes cousines, et beaucoup de bienveillance pour ton petit cousin. Il faut que ceux qui ont accepté notre hospitalité se trouvent chez nous aussi libres, aussi à l'aise que dans leur propre maison ; tu me comprends ?

— Oui, petite mère.

— Voici deux boîtes, l'une renferme des dragées, l'autre des fruits confits ; tu les leur abandonneras, j'espère, de la meilleure grâce du monde.

— Oui, maman.

Un coup de sonnette retentissant interrompit cet entretien.

— C'est mon oncle ! s'écria Charlotte en rougissant de plaisir.

Madame Leroy entraîna sa fille au salon.

Elles y étaient à peine qu'un domestique annonça :

— Monsieur Fournier et ses enfants.

Un monsieur d'une quarantaine d'années, en costume de voyage, parut aussitôt, faisant passer devant lui une petite fille de neuf ans et un petit garçon de six.

Le frère de madame Leroy, de retour de la Plata, où il était allé s'établir à l'époque de son mariage, n'était rentré en France que depuis plusieurs mois.

Dès son arrivée, il avait acheté une vaste propriété sur les côtes de Normandie et s'y était fixé avec sa famille.

Mille incidents l'avaient depuis ce temps empêché de rendre visite à sa sœur. De son côté, madame Leroy, restée veuve avec un jeune enfant, hésitait à aller voir son frère, tant un voyage, même d'une soixantaine de lieues, représentait d'embarras pour elle.

S'ils n'avaient cessé de s'écrire, ils ne s'étaient donc pas vus depuis une douzaine d'années, et leur réunion si longtemps attendue pouvait passer pour une véritable fête de famille.

— Ma sœur !

— Mon frère !

— Mon oncle !

— Ma tante !

— Ma cousine ! Mon cousin !

Furent autant d'exclamations qui partirent en même

temps et se croisèrent avec les baisers les plus affectueux, sonnant sur les joues comme des fanfares.

— Mais ! tu ne m'as donc amené qu'une de tes filles ? demanda tout à coup madame Leroy à son frère.

— Je n'ai pu obtenir que Marianna et Maurice. Ma belle-mère, qui est toujours un peu souffrante, a désiré garder non-seulement ma femme, mais encore une de ses petites-filles auprès d'elle.

— Ah ! cette pauvre dame est malade ? voilà qui est bien fâcheux.

— Ce n'est rien de grave, seulement le temps lui aurait paru trop long loin de ses petits-enfants dont elle a l'habitude, et il a fallu lui en laisser au moins un. Ce n'est après tout que partie remise pour Cécile et sa mère qui ont le plus vif désir de te connaître... et aussi de voir Paris.

— Un grand désir, dit Marianna... j'ai même dû promettre à Cécile de lui écrire pour lui parler de ma tante, de ma cousine, et lui faire le récit de toutes les belles choses que nous verrions.

— C'est vrai, tu lui as fait cette promesse, dit monsieur Fournier, et il faudra la tenir.

— Oh ! bien certainement, répondit Marianna, car elle s'est engagée de son côté à me faire savoir ce qui se passerait à la maison, à me donner des nouvelles de petite mère, de grand'mère, et de tout le monde.

— Et aussi de Minet et de Surveillant, dit gravement le petit Maurice.

— Sans nul doute... répondit monsieur Fournier.

— Parce que Surveillant et Minet sont mes amis, à moi, ajouta Maurice.

— Des amis rares, reprit son père, ils se laissent faire tout ce qu'on veut : on les roule, on les bat, on leur tire les oreilles et la queue, on les tracasse de cent manières, et ils ne se fâchent jamais.

— Jamais ! répéta Maurice avec un orgueil et une satisfaction visibles.

— Il me semble, mon cher Maurice, interrompit sa tante, qui le considérait en souriant, que tu es venu à Paris le fusil sur l'épaule, absolument comme si tu t'étais mis en route pour nous faire la guerre.

Marianna se mit à rire.

— C'est mon fusil Chassepot, répondit Maurice avec un grand sérieux.

— Il a voulu l'emporter dans le cas où des voleurs auraient eu la mauvaise idée d'attaquer le convoi du chemin de fer, dit monsieur Fournier.

— C'était prudent, fit observer madame Leroy.

— Je les aurais tous tués !.. dit Maurice, j'aurais fait pif! paf!

— Pour nous défendre?

— Oui, papa, toi et Marianna, et petite mère, et grand'-mère, et Cécile, si elles avaient été là.

— C'est d'un bon cœur et d'un garçon courageux ! s'écria madame Leroy en embrassant de nouveau son neveu.

Puis, se tournant vers sa fille, elle lui dit :

— Mon enfant, conduis tes hôtes dans ta chambre et aide-les à se debarrasser de leurs habits de voyage, en attendant le déjeuner.

— Oui, maman, tout de suite, répondit Charlotte avec un signe d'intelligence.

A peine entrés dans la chambre de Charlotte, Marianna et Maurice poussèrent de grands cris de surprise : Marianna à la vue des poupées qui avaient l'air de lui faire la révérence; Maurice en apercevant la multitude de jouets réunis à son intention.

Le ravissement de Maurice fut si grand qu'il alla de lui-même poser son fusil dans un coin de la chambre, et quitta son pardessus pour se mettre à l'ouvrage, c'est-à-dire pour entrer en relation intime avec ses nouveaux jouets dont il eût bientôt fait la plus drôle de salade : les ustensiles de cuisine étaient passés dans les bergeries, les moutons rôtissaient sur les fourneaux; les petits ménages bouleversés s'éparpillaient sur les théâtres qui, démantelés à leur tour, ainsi que l'arche de Noé, présentaient une confusion inexprimable. Maurice, trépignant d'aise, alla enfin reprendre son fusil Chassepot pour faire pif ! paf ! sur tous ces débris, et particulièrement sur le lapin à musique qui rendait des sons navrants.

Pendant ce temps, Marianna s'était emparé des poupées de Charlotte et les regardait l'une après l'autre avec une admiration qu'elle ne pouvait contenir.

— Les belles poupées ! s'écriait-elle, je n'en ai jamais vu de pareilles.

— Nous jouerons avec elles tant que tu voudras, répondit Charlotte.

— Bien vrai, tu me les prêteras ? demanda Marianna qui ne pouvait croire à un pareil bonheur.

— Sans doute, et même tu pourras en choisir une que je te donnerai pour tout à fait.

— Que tu es gentille ! s'écria Marianna pourpre de plaisir.

Et cela vaudra mieux, car tu pourras l'habiller à ton goût, et la coucher lorsqu'il te plaira... Tiens ! prends celle-là, elle se nomme Suzette, c'est une des plus belles, et puis elle a un très-bon caractère ; comme le chien et le chat de

Maurice, on peut en faire tout ce qu'on veut. Sans compter qu'elle a un joli trousseau, ce qui te permettra de la conduire au bal.

Le nom de Maurice, que Charlotte venait de prononcer, ramena l'attention des deux cousines sur notre petit personnage qui continuait de faire pif! paf! sur ses jouets, les chargeant à la baïonnette, et achevant ainsi de tout confondre.

— Ah! mon Dieu! s'écria Marianna, le vilain va tout casser.

— Laisse-le faire, n'est-il pas venu à Paris pour s'amuser? répondit Charlotte qui riait de la folle animation que mettait Maurice à se distraire. Il était seul, mais il se divertissait comme quatre, à ce point qu'il en oubliait le déjeuner qu'on vint annoncer. Il ne resta pas cependant sourd à cette bonne nouvelle, car c'était un garçon de bel appétit, pour ne pas dire un peu gourmand; seulement il passa dans la salle à manger sans quitter son terrible fusil, qu'il plaça entre ses jambes, comme pour l'avoir sous la main en cas d'alerte.

Ce repas entre parents qui faisaient ou qui renouvelaient connaissance fut extrêmement gai, la joie tourna même au délire, quand au dessert madame Leroy donna connaissance du programme arrêté pour le divertissement de ses hôtes. C'était fort concevable, car il ne s'agissait de rien moins que de leur faire voir successivement tout ce que Paris renferme d'amusant et de curieux pour les enfants: non-seulement le Jardin d'Acclimatation, le Jardin des Plantes, mais encore les théâtres de Séraphin, de Robert-Houdin, de Guignol, de Guignolet, de Bambochinet, de Gringalet, etc., etc.; puis les plus beaux magasins de poupées, de polichinelles, de confiserie, de pâtisserie. Elle se réservait encore de leur faire visiter les Tuileries, les Champs-Élysées, le Luxembourg, le parc Monceaux, le gymnase Paz, et enfin tous les lieux d'agrément réservés aux grands et surtout aux petits Parisiens...

Maurice demanda alors si on lui ferait voir de gros canons, *des vrais*, ceux qui tuent les ennemis pour *de bon*.

On promit de lui montrer les canons des Invalides, ce qui mit le comble à son bonheur.

Comme on ne pouvait commencer toutes ces belles promenades qu'après avoir pris un peu de repos, on passa cette première journée à s'installer, enfin à prendre l'air de Paris sur le balcon de l'appartement, ce qui était déjà un amusant spectacle pour des enfants tout frais arrivés de leur province.

Marianna et Maurice s'écriaient à tout moment qu'ils n'avaient jamais vu un si grand nombre de voitures, de messieurs, de dames et de petits enfants.

L'heure vint tout doucement d'aller se coucher.

Un second lit avait été placé pour Marianna dans la chambre de Charlotte.

On avait dressé celui du petit Maurice dans la pièce réservée à son père.

— C'est ça! les hommes ensemble! s'était écrié Maurice en apercevant ces dispositions, et il s'était couché gaillardement, ayant soin de placer son fusil Chassepot dans la ruelle de son lit, d'abord pour sa défense personnelle, et au besoin pour secourir son père, trop insouciant pour prendre lui-même une semblable précaution.

Maurice, dont la veillée s'était prolongée contre l'ordinaire jusqu'à dix heures, ne fut pas plutôt installé dans son lit qu'il s'endormit profondément.

Charlotte et Marianna, retirées dans leur chambre, babillèrent bien encore pendant quelques minutes, mais elles ne tardèrent pas non plus à céder au sommeil.

Il y avait une heure que madame Leroy et son frère, débarrassés des enfants, causaient intimement de leurs intérêts de famille, quand un cri perçant partit de la chambre voisine, celle où Maurice était couché.

Tous deux, effrayés, s'élancèrent vers cette chambre pour connaître la cause de ce bruit. Ils trouvèrent le petit Maurice roulé dans ses couvertures, et criant qu'il y avait des voleurs dans la maison, qu'ils étaient en train de le piquer pour le faire mourir.

Son père lui parla pour l'apaiser tout en le tirant du lit.

Le malheureux enfant avait une petite tache de sang à la jambe.

On regarda vivement dans son lit et l'on découvrit la cause de cette belle panique. Maurice avait le sommeil très-agité, et, à force de se remuer, la terrible baïonnette de son fusil Chassepot lui avait légèrement écorché la jambe gauche.

Madame Leroy et son frère poussèrent un éclat de rire auquel le petit Maurice ne comprit pas d'abord grand'chose, mais qu'il s'expliqua en voyant le chemin que son arme favorite avait parcouru, la pointe en bas dans son lit.

— Tiens ! dit-il en reprenant sa tranquillité, c'est mon fusil qui m'a piqué, ce n'est pas un voleur.

Cette algarade passée, Maurice s'endormit de nouveau, mais cette fois son arme avait été prudemment placée sur une chaise auprès de son lit.

Le lendemain, à l'issue du déjeuner, un petit garçon de cinq à six ans, amené par sa bonne, fit son entrée dans le salon.

C'était monsieur Paul, un voisin du même âge à peu près que Maurice, invité par madame Leroy à prendre sa part des divertissements qu'elle se proposait d'offrir aux enfants de son frère.

Monsieur Paul était un cavalier de la plus belle espérance. Il était bien planté sur ses jambes, avait des mollets superbes, de belles grosses joues, des cheveux très-blonds et très-bouclés, et un air épanoui ; un vrai chérubin en costume de ville.

Il fut à peine entré qu'on se l'arracha pour l'embrasser d'autorité, ce dont il paraissait avoir l'habitude, car il se laissa faire de la meilleure grâce du monde, et rendit même avec usure les baisers qu'on lui donnait.

Comme chacun était prêt, on descendit joyeusement pour prendre place dans une vaste calèche découverte qui attendait dans la cour.

Maurice marchait en tête, portant fièrement son fusil en bandoulière, sans se douter que son père avait mis un bouchon à la pointe de sa malencontreuse baïonnette.

Il était si complétement heureux, il se sentait si brave, si alerte, si bien armé, qu'il eût donné le plus beau dessert du monde (un de ceux qu'il avait mangés, bien entendu) pour que tous les habitants de la Martinière, sa résidence habituelle, se fussent trouvés là, rangés en ligne de bataille, grand'mère en tête, pour le voir passer dans toute sa gloire.

Cette pensée se lisait si bien sur son visage que son père dit en riant à madame Leroy :

— Conviens, chère sœur, que je t'ai amené un neveu qui ne manque pas d'une certaine crânerie.

— C'est vrai, répondit-elle, on voit au premier coup d'œil qu'il est capable des plus grandes choses.

On monta en voiture sur ces paroles.

Bientôt le cocher, qui avait reçu des ordres, se dirigea du côté du bois de Boulogne, où nous allons suivre nos petits personnages pour entrer dans le vif de notre sujet.

LE JARDIN
D'ACCLIMATATION

CHAPITRE II

LE JARDIN D'ACCLIMATATION

La voiture gagna la rue Royale, traversa la place de la Concorde, et se mit à remonter les Champs-Élysées, à la suite des innombrables équipages qui, dans l'après-midi, se rendent au bois de Boulogne.

Arrivée à l'Arc de Triomphe, elle laissa sur sa gauche l'avenue qui conduit au lac et suivit la route de la grande Armée.

Le temps était admirable.

Un soleil doux, point de vent, peu de poussière.

Marianna et Maurice ne pouvaient tenir en place dans leur empressement à examiner tout ce qui passait à portée de leurs yeux.

Jamais, nous l'avons dit, nos petits provinciaux ne s'étaient trouvés à pareille fête ! Jamais ils n'avaient vu autant de voitures, autant de cavaliers, autant de piétons !

Leur étonnement tournait à l'extase.

Ils arrivèrent enfin à la grille du Jardin d'Acclimatation.

Comme on était convenu de le visiter en détail, on descendit de voiture, donnant l'ordre au cocher d'aller se mettre à l'ombre, et l'on pénétra dans le jardin par le tourniquet, après avoir acquitté le droit d'entrée.

Ce tourniquet, qui faisait *clac* au passage de chaque personne, amusa beaucoup les enfants.

— Visitons d'abord les serres, dit madame Leroy en se dirigeant vers un grand bâtiment, entièrement vitré, qui se voyait sur la gauche, à quelques pas.

On se trouva bientôt sous trois voûtes parallèles encombrées d'arbres exotiques dont la moitié était en pleine floraison.

— Oh ! papa, que c'est singulier ! s'écria Marianna.

— Un jardin dans une cage !.. ajouta Maurice que l'admiration clouait à sa place.

— Et il y a une rivière au milieu, dit à son tour le petit Paul.

— Viens, viens, il y a peut-être aussi des bateaux, reprit Maurice en entraînant son petit compagnon.

Tout le monde les suivit.

— C'est comme une forêt vierge d'Amérique, n'est-ce pas? dit Charlotte à Marianna.

— C'est une imitation, répondit la petite fille avec un grand sérieux.

En ce moment, Maurice et Paul, partis en avant, revinrent précipitamment se jeter dans les jambes de M. Fournier. Un certain effroi se peignait sur leurs visages.

— Qu'y a-t-il ?... est-ce que par malheur vous auriez rencontré des lions ?.. demanda gravement le père de Maurice.

— Non, papa... mais il y a là un homme de toutes les couleurs qui est monté sur une grosse pierre... Paul dit que c'est un soldat, mais je crois, moi, que c'est un sauvage.

On se mit à rire.

— Poltron ! tu ne pouvais donc pas lui tirer un coup de fusil ?.. et au besoin le charger à la baïonnette? dit monsieur Fournier.

—Si, papa, mais Paul m'a entraîné, et puis... et puis le sauvage... il a un sabre.

— Eh bien, allons le trouver tous ensemble, seulement tu marcheras le premier.

— C'est ça, papa.

Maurice, ainsi stimulé par son père, se lança en avant, mais non sans s'assurer qu'il était suivi de près.

Le petit Paul, lui, se plaça à la suite de tout le monde.

Après quelques pas, Maurice s'arrêta derrière un arbre, avança prudemment la tête pour voir si le sauvage était toujours là.

— Eh bien ? lui dit son père.

Maurice lui fit signe de prendre patience, épaula son fusil... puis le releva tout à coup.

Il venait seulement d'apercevoir avec stupéfaction le bouchon qu'on avait mis au bout de sa baïonnette.

Son père remarqua le mouvement.

— Attends un peu, lui dit-il, je vais ôter cela ; c'est fait, va maintenant, et surtout vise bien, tue-le du premier coup.

Maurice, qui tremblait bien un peu, se remit en position ; à demi caché par une belle volière en bois sculpté, il ajusta lentement et lâcha la détente en criant : Pif ! paf !

Le sauvage, qui n'était autre qu'un zouave, fit deux pas en arrière, et se laissa choir sur un banc, les yeux fermés, les bras pendants.

Ce soldat en promenade, ayant remarqué la frayeur subite que sa présence avait causée aux deux enfants, s'était amusé à les suivre de l'œil. Les voyant revenir pour le mettre en joue, il s'était prêté à la circonstance, avait essuyé le pif! paf! de Maurice, et était tombé roide en contrefaisant le mort.

De son côté, monsieur Fournier avait tout deviné.

— Il est mort! bien mort! s'écria-t-il, allons le voir de tout près.

Maurice était stupéfait de sa réussite. C'était la première fois qu'il tuait si parfaitement son homme; il ne pouvait en croire ses yeux.

— Mais viens donc, reprit son père.

Maurice reculait au lieu d'avancer; il semblait plus effrayé qu'auparavant. Son père les prit donc par la main, lui et le petit Paul, et marcha droit au soldat toujours immobile.

— Vois-tu qu'il est bien mort, s'écria monsieur Fournier.

Le zouave n'attendait que ce moment, et il se redressa tout à coup en poussant un grand éclat de rire.

Maurice se précipita dans les jambes de son père.

Le soldat s'écria alors :

— Ah! ah! mon bonhomme, tu n'es pas encore assez grand pour tuer des zouaves; il faut attendre à l'année prochaine.

Et il se sauva en riant de plus belle.

Maurice, remis en même temps de son étonnement et de sa panique, regarda la grotte qui était devant lui pour se donner une contenance; mais ce ne fut pas sans jeter un regard furtif sur le soldat qui s'éloignait.

Madame Leroy, Marianna et Charlotte s'amusèrent beaucoup de la mine de Maurice, très-humilié de cette aventure.

— Allons, mon fils, ressaisis ton courage, dit monsieur Fournier en riant, si le zouave n'est pas mort, il est parti, et c'est absolument la même chose.

Maurice et Paul se mirent aussitôt à courir pour rejoindre Marianna et Charlotte qui, après avoir visité l'intérieur de la grotte, l'escaladèrent en se poursuivant comme deux folles... Cette course n'aurait pas eu de fin si Maurice, essayant en vain, à cause de ses petites jambes, d'atteindre sa sœur et sa cousine, ne fût, au moment où il faisait pif! paf! sur l'une d'elles, tombé le derrière dans le ruisseau qui s'échappe de la grotte pour alimenter la rivière dont nous avons parlé.

La chute de Maurice avait été si prompte, si grotesque et si peu dangereuse, que son père et sa tante n'avaient pu garder leur sérieux, sans parler de Charlotte, de Marianna et du petit Paul qui étaient accourus pour battre des mains et se moquer de lui.

Maurice, tiré de sa fâcheuse position par son père, dut attendre sur les jambes, au milieu de nouvelles railleries, qu'on tordît le bas de sa chemise et le fond de son pantalon, et ce qui était encore plus désolant, qu'on exposât les parties mouillées aux ardeurs du soleil, en lui plaçant le haut

du corps sous une ombrelle, d'où résulta pour lui l'obligation de rester plié en équerre sur un banc.

Il se prêtait de si mauvaise grâce à cette station forcée,

que sa tante se résigna à faire sentinelle pour le maintenir dans le devoir.

Pendant ce temps, Marianna, Charlotte et Paul visitèrent avec monsieur Fournier le cabinet de lecture qui se trouve à gauche de la grotte. Là, ils attendirent, en regardant les images d'une vingtaine de publications illustrées, que le soleil eût remis Maurice en état de poursuivre sa promenade.

On n'eut que bien juste le temps, pendant le reste de la journée, de visiter ce vaste établissement dont nous laisserons, pour éviter des redites, Marianna détailler les curiosités dans une longue lettre qu'elle écrivit le soir même à sa sœur, afin de tenir la promesse qu'elle lui avait faite en se séparant d'elle.

Cette lettre contenait ce qui suit :

« Ma chère Sœur,

Voilà bientôt deux jours que nous sommes à Paris, et c'est à peine si j'ai eu le temps de me reconnaître. Nous avons été très-bien reçus par ma tante; elle paraît très-bonne et a beaucoup regretté de ne pas te voir avec nous, toi et petite mère. Notre cousine Charlotte est très-gentille et tout à fait aimable. Si tu savais combien elle a de poupées ! Plus de vingt !... et qui sont toutes jolies à croquer. Elle a choisi la plus belle pour me la donner. Paris est très-beau, et, bien que je n'en connaisse encore qu'un très-petit coin, je n'avais pas l'idée d'une ville aussi grande.

Nous rentrons à peine d'une promenade au Jardin d'Acclimatation. Je n'ai pris que le temps de dîner pour remplir plus vite ma promesse de t'écrire dès notre arrivée.

Imagine-toi qu'on entre dans ce jardin par une très-grande grille qui s'ouvre sur le bois de Boulogne, un grand bois qui est mieux soigné que notre jardin, et qu'on arrose du matin jusqu'au soir à l'aide de longs tuyaux à roulettes, ce qui m'a bien étonnée... Et puis il faut te dire qu'on arrose continuellement tout à Paris, les places, les boulevards, les quais, les ponts et les rues... on arrose même un peu les passants ; papa dit que c'est pour faire tomber la poussière...

Nous ne sommes pas entrés au Jardin d'Acclimatation par la grande grille, elle est réservée aux voitures, mais par un tourniquet faisant *clac* à chaque visiteur qui ne pénètre à l'intérieur qu'après avoir payé un franc... c'est drôle —

chaque voiture paye trois francs, mais la nôtre est restée à la porte.

Immédiatement à gauche on aperçoit un écriteau qui indique l'entrée des serres. Rien de plus étonnant que ces serres qui sont entièrement vitrées; le toit aussi, et au milieu desquelles il y a une petite rivière dont l'eau ne coule pas. Il y a dans l'eau et sur les bords de grandes plantes et de grands arbres bien extraordinaires; je n'en ai jamais vu de pareils à la Plata, ni à la Martinière, ni aux environs. Ils ont de longues feuilles étroites et pointues qui montent tout droit, ou qui vont de côté, ou qui pendent. Les plus grands arbres sont plantés au milieu d'un gazon qui ressemble à du cerfeuil, mais papa m'a dit que ce n'en était pas. Ce qui m'a bien étonnée, c'est qu'il y a des étiquettes bleues avec des lettres blanches au pied de tous ces arbres et de toutes ces plantes. On dirait que c'est un magasin d'arbres. Il y a encore, à droite dans la grande serre, un couloir encombré de pots très-gentils, remplis de plantes; on les compte par mille. Un petit M. Paul, voisin de Charlotte, venu avec nous, en a cassé un en voulant le prendre pour le regarder de plus près. Heureusement qu'on ne s'en est pas aperçu, car papa disait qu'on l'aurait mis en prison. Je t'écris cela, mais ne le raconte à personne.

Au fond de la serre, à gauche, il y a un très-beau cabinet de lecture où l'on trouve plus de vingt journaux remplis d'images; mais rien pour les enfants, si ce n'est le Musée des familles.

Tout à côté se trouve une belle grotte où l'eau vient par de petits trous et tombe en clapotant, c'est gentil, gentil.

En quittant la serre, on se trouve en face de la plus jolie volière qu'on puisse imaginer. Elle est remplie de gros perroquets de toutes les couleurs; il y en a beaucoup de tout à fait blancs. On y voit aussi des colombes violettes ravissantes, des serins dans des cages à part; ce sont sans doute ceux qui sont mariés. Il s'y trouve encore des cages très-grandes où des centaines de tout petits oiseaux se tiennent serrés les uns contre les autres, absolument comme s'ils étaient embrochés; c'est probablement parce qu'ils s'aiment bien. Il y a aussi des merles, des tourterelles, des colombes à cravate noire, et dont le corps est de la couleur

de ma robe neuve, tu sais — chocolat clair. Et puis un pigeon noir qui est tout seul dans une cage où il a l'air de bien s'ennuyer. C'est peut-être qu'il a été méchant et qu'on l'a mis en pénitence. Mais ce sont les perroquets qui font le plus de bruit, on en est étourdi. Et puis ça sent très-mauvais dans une grande volière.

Quelques pas plus loin, dans le jardin, commence une rivière qui fait de grands détours, et dans laquelle nagent une multitude de canards ; ils ont leur maison sur le bord... Il y en a une si grande quantité et de tant d'espèces différentes, qu'on croirait que c'est le pays des canards. Quelques-uns sont venus de la Chine pour rendre visite aux autres; c'est écrit. J'ai remarqué aussi des oies très-belles. Quant aux canards, ils ont tous l'air de s'amuser. Les uns plongent dans l'eau, les autres sont couchés dans le sable où ils paraissent réfléchir.

Près de là on voit des flamants roses, grands oiseaux qui ont le dessous des ailes et les jambes couleur de corail; ils sont très-singuliers, ils se tiennent tous ensemble au milieu d'une mare, sur une patte, avec leur long cou replié en tire-bouchon sur le dos.

En face nous avons vu deux gros dindons qu'on appelle des autruches; ils sont aussi hauts qu'un cheval. Maurice, qui est gourmand, comme tu sais, demandait toujours à papa d'en acheter un pour le faire cuire; papa n'a pas voulu. Ces deux animaux sont très-voraces, et papa assure qu'ils avaleraient des brosses de chiendent. Ils se sont amusés pendant un moment à se poursuivre... Mon Dieu, que ça va donc vite et que c'est amusant!

Ah! il y a une chose que j'oubliais... Tu sais qu'on dit toujours blanc comme un cygne... Eh bien! nous avons vu des cygnes noirs, tout à fait noirs...

Charlotte a voulu visiter la magnanerie; c'est une petite maison où l'on élève des vers à soie.

Il y en a des milliers qui grouillent sur des feuilles de mûrier qu'ils dévorent. Charlotte veut en avoir assez pour qu'ils lui filent une robe.

Figure-toi de vilaines chenilles dont les plus grosses sont longues comme le petit doigt, et qui passent leur temps à manger et à faire beaucoup de petites malpropretés noires sur leur nourriture.

Je trouve cela laid, très-laid.

Voici comment ces pauvres animaux s'occupent à filer leurs cocons :

Ils choisissent un coin où ils font d'abord une espèce de toile semblable à un nid de chenilles et s'installent au milieu. Là, ils tirent de leur bouche un fil très-fin, très-poissant, qu'ils fixent autour d'eux, à une petite distance de leur corps, et qui doit servir d'enveloppe à leur cocon qui est gros comme un œuf de pigeon.

A partir de ce moment, ils ne cessent de filer pour épaissir le premier tissu qui est transparent, et au travers duquel on les voit tourner la tête sans s'arrêter, jusqu'au moment où ce tissu devient si épais qu'ils disparaissent derrière... Ils font tout ce travail sans manger.

Papa m'a dit que le ver à soie ne sortait de son cocon, qui est tout jaune, que sous la forme d'un papillon..... Ça, c'est bien extraordinaire, mais je ne l'ai pas vu.

En quittant la magnanerie, nous sommes allés dans un endroit où il y a encore des volières, des volières, et toujours des volières. Je n'aurais jamais cru que le bon Dieu eût fait tant d'oiseaux de formes et de couleurs si différentes : des rouges, des verts, des jaunes, des noirs, des blancs, et même de toutes lescouleurs à la fois... Songe qu'avec cela pas un ne ressemble à son voisin; que les uns ont des becs très-longs, les autres des becs moyens... et d'autres pas de becs du tout, pour ainsi dire. C'est la même chose pour les queues, qui sont de toutes les longueurs et de toutes les couleurs... Va! c'est bien curieux. On peut dire qu'il y a là des faisans, des poules, des colombes de tous les pays du monde... Il y a des tourterelles à nuque perlée, des hérons, des outardes, des pintades, des grues et des demoiselles de Numidie, puis des pigeons qui ont des noms si bizarres qu'il m'a fallu épeler pour les lire... Il y a aussi un faisan noir qui a comme un grand manteau d'argent... et un autre, qu'on appelle le faisan vénéré, qui est si beau, si beau du dos et si beau du ventre, qu'on dirait qu'il est en or et en pierres précieuses.

Nous avons vu aussi des moutons, des chèvres, des bi-

quets et des biquettes... Mais un animal bien extraordinaire, c'est le kanguroo. Ses pattes sont très-courtes par devant et très-longues par derrière; avec ça il a une très-grande et

Ils se promènent sur l'eau à côté les uns des autres (p. 35).

très-grosse queue. Il se lance en avant à l'aide de sa queue, qui lui sert de point d'appui, et de ses pattes de derrière ; on dirait qu'il est infirme... Les mères portent leur petit dans une poche qu'elles ont sous le ventre.

Nous avons vu encore de très-jolis petits chevaux chinois, japonais, de petites vaches et des ânes sauvages qui couraient sans rien sur le dos... et pas de brides... enfin tout nus !... c'est très-joli.

J'oubliais de te dire que la rivière des canards s'élargissait à son extrémité et qu'on y voyait alors une multitude de cygnes blancs..... Maurice les a pris pour de grandes oies. Ils se promènent sur l'eau à côté les uns des autres, on dirait de petits navires. J'en ai compté plus de cent ; ça, c'est admirable !

Nous avons vu aussi un phoque. C'est un animal très-laid ! oh ! mais très-laid ! Il a une tête de vilain chien, et pas d'oreilles, un corps en forme de betterave, une queue de poisson et deux nageoires très-courtes. Le tout a l'air d'être en cuir noir, huilé et crotté à la fois. Il est venu au bord de son bassin, c'est-à-dire moitié dans l'eau et moitié sur terre ; il avait l'air de vouloir nous parler... Et puis, comme le soleil lui donnait dans les yeux, il s'est laissé tout à coup rouler au fond de l'eau où il est resté longtemps sans reparaître.

On voit aussi, pas loin du phoque, un rocher très-haut où l'on a ménagé une petite salle ; on y monte par un escalier... Nous nous y sommes mis un moment à l'ombre. On a une très-belle vue de cet endroit.

Papa a voulu ensuite visiter l'écurie, où nous avons aperçu deux chameaux magnifiques... Le chameau est un animal grand comme un arbre, il a une bosse sur le dos, le poil jaune, et l'œil très-doux... Il paraît qu'il sert de cheval et fait trente lieues par jour... c'est-à-dire qu'il marche quatre fois autant que le facteur qui apporte nos lettres à la Martinière, et qui dit si souvent à maman : Madame, je fais mes huit lieues tous les jours.

Nous avons encore vu là de petits bœufs blancs et noirs qui ont des poils très-longs ; ceux du ventre et des côtés tombent jusqu'à terre... on assurerait que ce sont des franges. On y voit aussi beaucoup d'ânes qui se tiennent les uns à côté des autres, comme s'ils étaient à l'école. Et puis de petits chevaux charmants, couleur café au lait... et un grand chat qu'on appelle un guépard ; c'est un animal très-vif qui se roule sur le dos et cherche toujours à se mordre la queue. Papa m'a dit qu'en Égypte on s'en sert pour la chasse aux autruches et aux gazelles. Il n'avait pas l'air content, ce guépard, car il s'est mis tout à coup à bondir dans sa cage et à faire des yeux qui m'ont effrayée. Nous avons deviné ce que c'était... le méchant animal voyait des poules qui picoraient à la porte de l'écurie et il aurait voulu les croquer. Tous les animaux de l'écurie ont leur chambre à part qui est très-propre.

Mais ce qui est fort curieux et qui m'a le plus étonnée, c'est l'aquarium.

Ce qu'on appelle l'aquarium occupe le côté gauche d'une galerie étroite et obscure. De grands bassins de verre tout carrés, où se trouvent les poissons, sont seuls éclairés ; on dirait une longue vitrine de marchand, avec quatorze séparations.

Maintenant, il faut t'imaginer que tu es au fond de la mer, et que tu peux y respirer comme dans ta chambre, ce qui est très-important, tu penses. Je te dis au fond de la mer, mais j'ajouterai au fond d'une rivière, car il y a aussi des poissons d'eau douce, tels que des carpes, des brochets, des tanches, des brêmes, des barbeaux, des dorades de la Chine... des perches, des épinoches, des lamproies, des anguilles ; il y a aussi des truites, etc. Viennent ensuite les poissons de mer, et en première ligne les anémones... l'anémone est un poisson qu'on prendrait pour une fleur, puis des concombres de mer, des astéries, des oursins ou châtaignes de mer...., etc., etc. On remarque dans tous ces bassins de petits rochers plus ou moins pointus, et qui sont couverts de mousses et de grandes herbes vertes et jaunes, où se promènent de petits animaux qu'on nomme des pagures, des crabes et des crevettes. L'eau est verte et assez propre; elle vient de la mer par un conduit, c'est à croire. Pendant que nous regardions cela avec beaucoup d'attention, un vilain crabe s'est jeté tout à coup sur une pauvre petite crevette qui nageait très-gentiment auprès de lui sans se douter de rien. D'abord nous avons cru qu'il voulait l'embrasser, car il la tenait pressée contre lui... Mais, hélas! nous avons bientôt vu que la petite bête était morte, et que le vilain crabe la dévorait. J'étais si en colère que j'aurais voulu le battre avec le bout de mon ombrelle; par malheur, il eût fallu briser l'aquarium, et papa m'a retenue... Tous ces animaux sont extrêmement mauvais; ils ne peuvent se souffrir... Imagine-toi qu'il y avait à côté du méchant crabe deux autres petites bêtes qu'on nomme des pagures. Elles se tenaient depuis longtemps comme endormies l'une auprès de l'autre, quand elles se sont mis subitement à sortir la tête et les pattes d'un coquillage rose cannelé qui leur sert de maison. Ce coquillage a la forme d'un tuyau bordé par en haut d'une sorte de chenille blanche qu'on croirait très-dure, mais qui flotte dès qu'ils font un mouvement... Ces animaux, après s'être regardés un moment, ont commencé à se battre avec fureur... Leurs dix petites pattes crochues, qui semblent faire partie de la tête, ne cessaient de s'agiter, et je pense qu'ils cherchaient à se crever les yeux.

Mais voilà tout à coup que j'aperçois à ma droite une horrible bête qui se tenait tapie à l'angle d'un rocher. Je pousse un cri, car je croyais voir une énorme araignée, et tu sais à quel point j'en ai peur... Papa m'a dit tout de suite que c'était une pieuvre.— Ma chère Cécile, je puis t'affirmer que c'est tout ce qu'il y a de plus laid, de plus effrayant au monde.

Elle me regardait avec ses vilains yeux, et je me serais sauvée si papa ne m'avait retenue en me disant que c'était un animal très-curieux.

J'ai regardé alors et je l'ai vue se mettre en mouvement.

La pieuvre a une tête énorme, toute molle, et huit grands bras qui flottent autour d'elle comme autant de rubans. Ces bras se nomment des tentacules. Tout cela, dès que ça remue, a l'air d'un peu de mousseline déchiquetée, et cependant fait très-peur à cause de la tête. Papa dit qu'il y en a de très-grandes dans la mer; il paraît qu'elles s'attachent aux hommes comme des ventouses pour les faire mourir. Tu sais, des ventouses comme on en a un jour posé à la petite Clémence.

Nous avons vu aussi des homards, moitié verts, moitié bleus, tachetés de blanc, qui marchaient debout sur leurs grandes pattes. Papa dit que tous les homards sont de cette couleur avant d'être cuits.

Le petit Paul, notre nouveau compagnon, n'est pas si turbulent que Maurice, seulement il a toujours faim et soif. Ma tante craignait qu'il ne se donnât une indigestion de gâteaux et de sirops : mais, bah! il digère comme un canard. Notre cousine Charlotte est très-gaie... seulement elle a toujours peur, même en jouant, de déranger sa toilette.

Ma tante et papa ne nous ont pas grondés... enfin nous avons passé une journée très-agréable.

Je te prie de lire ma lettre à petite mère et à grand'mère, puis de les embrasser bien fort pour nous tous. Il est très-tard et papa veut que j'aille me mettre au lit; il trouve que j'écris une trop longue lettre... j'ai voulu tenir ma promesse pour te forcer à tenir la tienne, en me donnant de vos nouvelles.

Maurice te recommande bien de lui donner des nouvelles de Surveillant et de Minet.

Ta sœur qui t'aime et qui t'embrasse,

MARIANNA.

P. S. Je vais, avant de me coucher, prier le bon Dieu pour que grand'mère ne soit plus malade.

LE BOIS
DE
BOULOGNE

CHAPITRE III

LE BOIS DE BOULOGNE

Le lendemain on se leva plus tard que de coutume dans la maison de madame Leroy. On s'était tellement fatigué la veille qu'un supplément de repos avait été jugé nécessaire pour les enfants.

Il était déjà neuf heures lorsque monsieur Fournier se mit en devoir de réveiller tout son petit monde.

Ce ne fut pas d'abord très-facile, et Maurice se laissa retourner plusieurs fois comme un sac avant d'ouvrir les yeux. Charlotte et Marianna firent moins de façons, pourtant elles ne se levèrent qu'à la deuxième sommation.

Une heure après leur toilette était faite, et Maurice lui-même apparaissait debout, débarbouillé, peigné, et son terrible fusil à la main.

— Es-tu prêt, mon petit Maurice, lui cria madame Leroy.

— Oui, ma tante, ma barbe est faite, répondit l'enfant avec

gravité. Il avait pris cette phrase à son père et l'employait volontiers pour se donner de l'importance.

— Eh bien, serre tes rasoirs et arrive ici... surtout prends bien garde de te couper, fit madame Leroy avec un sourire.

— Oui, ma tante.

Maurice se montra aussitôt.

Il était prêt à entrer en campagne.

— Viens m'embrasser, que je voie un peu si ta barbe est bien faite.

Maurice s'élança dans les bras de sa tante, l'embrassa et se laissa embrasser ; seulement, la chose faite en conscience, il s'écria :

— J'ai bien faim !

— Ah ! ah ! tu as déjà faim... Eh bien, sois tranquille, on va servir le déjeuner. Cours en attendant dire bonjour à ta sœur et à ta cousine, tu les trouveras au salon.

— Oui, ma tante.

Charlotte et Marianna, qui se servaient tour à tour de femme de chambre, essayaient des rubans devant une glace, tout en s'entretenant avec le plus grand sérieux de l'influence que le rose et le bleu peuvent avoir sur le teint d'une petite fille.

Comme Maurice était dans la plus complète indifférence à ce sujet, il se hâta de les embrasser en manière de bonjour, et de pousser une pointe jusqu'à la salle à manger, très-curieux de s'assurer par lui-même qu'on n'oubliait pas le déjeuner.

Le couvert était mis...

Il courut à sa place qui était marquée par un épais coussin destiné à le grandir à table, et s'y installa dans l'espoir d'avancer ainsi le repas qu'il attendait avec impatience.

Il était là depuis cinq minutes, absorbé dans la contemplation d'un majestueux pâté entamé depuis la veille.

— Bon pâté !... beau pâté ! s'écriait-il à chaque instant.

Puis, la tentation devenant trop forte, il s'apprêtait à élargir la brèche du comestible à l'aide de son couteau, quand monsieur Fournier, madame Leroy, Charlotte et Marianna, qu'il n'avait pas entendus venir, firent irruption dans la salle à manger.

— Eh bien ! Maurice, eh bien ! lui cria son père.

Maurice s'arrêta tout confus.

— Que faisais-tu donc là, lui dit sa tante en étouffant un fou rire.

— Rien, ma tante... je...

— Tu voulais savoir si le pâté avait le même goût qu'hier, n'est-ce pas, Maurice, dit monsieur Fournier.

— Non, papa, c'était pour jouer.

— A la bonne heure !... Cependant, il faut que tu saches qu'il n'est pas poli de se mettre à table avant tout le monde.

— Dame !.. il a si faim, dit madame Leroy.

— Oh oui ! j'ai bien faim, faim, tout à fait faim, se hâta de répondre Maurice, heureux de pouvoir s'exprimer franchement sur son appétit.

— C'est très-bien, mon ami, voilà Jean, il apporte de quoi te satisfaire, fit madame Leroy en lui montrant le domestique qui entrait en tenant un plat de chaque main.

A cette vue, Maurice eut un élan et battit des mains.

Le déjeuner fini, on délibéra sur l'emploi de la journée.

Il fut convenu, pour procéder logiquement, de visiter le bois de Boulogne et de revenir par les Champs-Élysées, et cela au grand désappointement de Maurice, qui voulait qu'on allât tout de suite aux Invalides voir les canons *pour de vrai*.

Le petit Paul reparut comme la veille, amené par sa bonne, et commença par embrasser son ami Maurice, puis tout le monde, car c'était un garçon très-affectueux.

Un quart d'heure après, on montait en voiture.

On ne tarda pas à gagner le bois de Boulogne, où l'on se

promena à l'ombre, ce qui, avec les temps d'arrêt indispensables pour se déroidir les jambes en jouant à courir, prit deux bonnes heures.

On venait ainsi d'arriver au bord du lac.

La vue des bateaux, des cygnes, des canards grands ou petits, qui s'y promenaient par un beau soleil, mit le comble à la joie des enfants, qui battirent aussitôt des mains à ce spectacle.

— N'est-ce pas que c'est joli, mes enfants, dit madame Leroy.

— Oh ! très-joli ! s'écrièrent Charlotte et Marianna.

— Je vous proposerais bien une promenade en bateau, mais, comme vous auriez trop de chagrin à descendre de voiture, je ne veux seulement pas vous en parler, dit en souriant monsieur Fournier.

— Mais non, papa ! s'écrièrent à la fois Maurice et Marianna.

— Bien vrai ?

— Bien vrai... papa.

— Et toi, Charlotte ?

— Moi, mon oncle, ça me fera le plus grand plaisir.

— Ce n'est pas suffisant, car il me semble que M. Paul n'a pas encore dit son avis.

Paul était en extase devant les cygnes qui se donnaient la chasse ; il les montrait du doigt en trépignant d'impatience et de plaisir.

— Dis donc, Paul, n'est-ce pas que tu veux bien venir en bateau ? lui demanda Charlotte.

— Oui, oui, pour attraper les cygnes, répondit Paul en cherchant immédiatement à ouvrir la portière de la voiture qui continuait de marcher.

— Eh bien ! eh bien ! jeune imprudent ! tu ne sais donc pas que tu casserais tes petites jambes, s'écria madame Leroy en le retenant par un bras.

Elle donna au cocher l'ordre d'arrêter.

Chacun descendit de la voiture qui alla se ranger sous les arbres à peu de distance. Les quatre enfants se précipitèrent en avant. L'embarcadère était à une centaine de pas.

Ce fut à qui y arriverait le premier.

Un bonhomme portant un panier rempli de petits pains passait en ce moment.

Monsieur Fournier lui acheta une grande partie de sa marchandise.

J'ai faim, dit Maurice en apercevant les petits pains.

— Moi aussi... s'écria Paul.

Monsieur Fournier ne parut pas les entendre et glissa les petits pains dans les poches de son paletot, à l'exception d'un seul qu'il garda à la main.

Puis, faisant signe à un homme qui, en costume de matelot, se tenait là, aux ordres des promeneurs, de vouloir bien l'accompagner, il sauta dans une large barque.

Madame Leroy et les enfants l'y rejoignirent aussitôt.

La mère de Charlotte et les deux fillettes prirent place à l'avant du bateau ; monsieur Fournier, Maurice et Paul à l'arrière.

Le batelier, déjà installé sur le banc du milieu, s'empara des rames qu'il se hâta de mettre en mouvement.

Maurice et Paul éprouvaient un si grand plaisir en se sentant glisser sur le lac, qu'ils regardaient autour d'eux sans échanger une parole.

Ils avaient oublié les petits pains.

Monsieur Fournier fit alors le geste d'un homme qui sème quelque chose autour de lui.

A ce geste bien connu, les cygnes et les canards accoururent des points les plus opposés du lac en nageant avec une rapidité surprenante.

Trois troupes disposées en flèches convergeaient en droite ligne sur le bateau.

— Papa! papa! cria Maurice, voilà tous les canards qui viennent nous voir.

— C'est tout simple, je viens de les inviter à déjeuner; tu n'as donc pas vu?

— Non, papa,.. Mais tu les connais donc?

— Parfaitement, mon ami, et tu vas voir avec quelle gentillesse ils vont nous dire bonjour.

A l'autre bout du bateau, Charlotte et Marianna, que madame Leroy tenait par leurs jupes dans la crainte de les voir tomber à l'eau, poussaient de grands cris de surprise tout en faisant des gestes d'admiration.

Les trois troupes de cygnes et de canards, réunies enfin, entourèrent tout à coup le bateau en poussant des CAN CAN étourdissants.

Tous ouvraient le bec à faire croire qu'ils voulaient avaler la barque et les personnes qu'elle contenait.

Monsieur Fournier se hâta de leur jeter du pain par petits morceaux.

Ce fut alors un bien autre spectacle, dix fois plus amusant que le premier :

Les cygnes, en leur qualité de grands seigneurs du lac, malmenaient les pères canards, qui à leur tour bousculaient les petits canetons, afin de se jeter plus vite sur les bouchées de pain qui tombaient comme la grêle au milieu d'eux.

C'était un véritable abus de la force.

Les canetons n'attrapaient que des coups de bec dans la mêlée; les pauvres petits opprimés, heurtés, tarabustés, refoulés, rudoyés, ne pouvaient un seul instant garder leur équilibre, et il était à craindre qu'ils ne périssent dans la bagarre.

Maurice et Paul s'amusaient beaucoup de leur infortuue, sans songer qu'ils auraient eu le même sort dans une cohue de grandes personnes.

Marianna et Charlotte, au contraire, s'apitoyaient sur les

canetons, et criaient, l'une à son père, l'autre à son oncle, de faire finir les gros canards et surtout les cygnes qui étaient trop méchants.

— Eh bien, mes enfants, répondit monsieur Fournier, attirez les canards de votre côté pendant que nous allons retenir les cygnes.

Et il envoya en même temps deux petits pains aux fillettes qui bondirent de joie.

Il reprit aussitôt en s'adressant à Paul et à Maurice :

— Voilà chacun une bouchée de pain ; ne la jetez pas, présentez-la aux cygnes qui viendront la prendre dans votre main.

— Mais, papa... ils vont nous mordre ! s'écria Maurice.

— N'ayez pas peur... et d'abord je vais vous enseigner comment il faut s'y prendre en pareil cas.

Monsieur Fournier plaça alors un morceau de pain dans le creux de sa main et le présenta à l'un des cygnes.

L'animal ne l'eut pas plutôt aperçu qu'il avança la tête, saisit lestement la bouchée et l'avala d'un tour de gosier, à la grande joie de Maurice et de Paul.

Monsieur Fournier répéta plusieurs fois ce manége avec le même succès.

Maurice et Paul, rassurés sur la bonne éducation des cygnes, n'hésitèrent plus à leur présenter du pain.

Les grandes oies, ainsi que les nommait le petit Paul, répondirent si bien à la courtoisie dont elles étaient l'objet, qu'à l'aide de leurs grands cous elles plongeaient leur tête jusque dans l'intérieur de la barque.

Cette petite armée d'invasion était si complète, si collée au bordage de l'embarcation, que le batelier se trouva contraint de suspendre le jeu de ses rames, et en conséquence de s'immobiliser au milieu du lac.

Cela dura le temps qu'il fallut pour distribuer le reste des provisions aux assaillants : environ cinq minutes.

Jamais écoliers en vacances, dînant sur l'herbe, n'avaient mangé plus goulûment ni de meilleur appétit que ne le faisait toute cette volaille.

On n'entendait que le bruit des becs s'ouvrant et se refermant sans cesse, et les éclats de rire des enfants.

Depuis longtemps cygnes et canards n'avaient assisté à pareille fête, ni pris leur part d'une si grande abondance de vivres.

Mais si tout ceci se passait avec un certain ordre du côté des cygnes, à qui leur haute taille et leur petit nombre avaient permis de se mettre en quelque sorte à table autour de l'embarcation, il s'en fallait de beaucoup qu'il en fût de même du côté des canards.

Madame Leroy, Charlotte et Marianna avaient eu beau les attirer à elles pour les arracher à la tyrannie des cygnes, ils n'avaient pas compris leur touchante sollicitude pour les faibles, et les pères canards ne cessaient de tarabuster les canetons.

Était-ce défaut de cœur ou d'intelligence?.. Il est difficile de le dire... Quoi qu'il en fût, les canetons n'eussent absolument rien gagné au nouvel état de choses, si Charlotte et Marianna ne s'étaient exclusivement occupés d'eux et ne les avaient adroitement saisis au milieu de la mêlée pour leur donner asile dans l'intérieur du bateau, où ils avaient mangé tout leur soûl et je crois même un peu plus.

Les robes des deux fillettes en reçurent forcément quelques éclaboussures, mais faire le bien aurait moins de mérite, s'il n'en coûtait de temps en temps quelque chose.

Le festin terminé, le batelier reprit tout doucement ses rames, afin de se rendre au Chalet-Restaurant qui se trouve dans une île, au milieu du lac.

Cygnes et canards suivaient toujours nos promeneurs, et l'on pouvait croire que c'était un sentiment de reconnaissance qui les portait à les escorter dans leur promenade, quand une seconde barque remplie de jeunes filles les provoqua tout à coup par quelques bouchées de pain.

Toute la bande déserta sans la moindre pudeur.

— Les vilains ! les vilains ! s'écrièrent à la fois les enfants.

— Oui, ils nous quittent maintenant que nous n'avons plus rien à leur donner, dit Marianna.

— Ce sont des ingrats, le monde en est plein, ajouta monsieur Fournier;... mais, reprit-il, que tiens-tu donc dans le pan de ta robe, ma chère Marianna?

Marianna devint rouge comme une pivoine pendant que Charlotte éclatait de rire.

— Réponds-moi donc ! dit monsieur Fournier.

— Papa, dit enfin Marianna, c'est un caneton; je veux l'emporter pour que les grands canards ne le rendent pas plus longtemps malheureux.

— Et qu'on te mette en prison pour l'avoir pris.

— En prison!... puisque c'est pour lui faire du bien..... dit la petite fille étonnée.

— Ta bonne intention n'y ferait rien, n'est-ce pas, Monsieur, dit son père en s'adressant au batelier.

— Rien du tout, Mademoiselle, et l'on vous mettrait certainement en prison, car c'est un canard du gouvernement, et le gouvernement ne plaisante pas avec ses canards.

— Tu vois, ma fille !

— Mais papa, est-ce que je ne puis pas le garder encore un peu?... demanda Marianna, qui avait le cœur gros.

— Et qu'en veux-tu faire ?

— Papa, c'est pour baiser encore son petit bec de canard qui sent très-bon.

— Bien, bien alors, il suffit que tu ne l'emportes pas.

On aborda dans l'île, mais on eut à peine mis à pied à terre que Marianna poussa un cri.

Le charmant petit caneton, sans doute trop bourré de nourriture, avait fait quelque chose de très-laid et de très-incongru sur la robe de la pauvre Marianna.

Le premier mouvement de la fillette fut de poser l'animal à terre pour secouer sa robe.

Le caneton, se sentant coupable, ne se trouva pas plutôt libre qu'il se précipita dans le lac pour rejoindre ses compagnons.

Un éclat de rire accueillit la double mésaventure de Marianna, consternée par-dessus tout de la fuite de son pensionnaire.

— Le vilain! le vilain! répétait-elle.

— Il aurait dû rester là, n'est-ce pas, pour te faire ses excuses, dit monsieur Fournier.

Et comme tout le monde riait, Marianna se mit à rire avec les autres.

Les tables alignées devant le restaurant avaient bientôt attiré l'attention de Maurice, et il s'était écrié comme toujours :

— Papa, j'ai faim.

— Faim et soif, évidemment, répliqua son père.

— Oui papa... tous les deux.

— Moi aussi!... dit à son tour le petit Paul qui profita de l'occasion.

— Et vous, mes fillettes, avez-vous faim et soif ?

— Non, papa...

— Non, mon oncle.

— Bah! je suis certain qu'avec un peu de complaisance...

On se mit à table.

La collation fut extrêmement gaie.

Charlotte et Marianna avaient un si bon cœur, doublé d'un si excellent estomac, qu'elles mangèrent autant de gâteaux que Maurice et Paul, mais ce fut simplement pour ne pas désobliger, l'une son oncle, l'autre son papa.

Par bonheur, l'île, mieux approvisionnée que celle de Robinson, leur fournit en même temps de l'eau de Seltz et des sirops en abondance.

Sans cette circonstance, leur digestion ne se fût peut-être pas faite avec une extrême régularité.

On fit ensuite le tour de l'île, une charmante promenade, et l'on se rembarqua pour rejoindre la voiture.

Mais les cygnes et les canards eurent beau se montrer cette fois, on ne les honora pas même d'un regard.

Chacun reprit sa place dans la voiture.

— Aux Champs-Élysées !... dit madame Leroy en s'adressant au cocher.

C'était l'heure où les équipages, les cavaliers et les amazones se pressent en foule dans la grande avenue qui relie le lac du bois de Boulogne à la barrière de l'Étoile.

Tout cet ensemble galopait, s'élançait, se précipitait, comme pour atteindre un but unique, très-enviable, sans doute.

Marianna, qui n'avait pas encore joui si pleinement de ce spectacle, s'écria tout à coup :

— Mais, ma tante, où courent donc tous ces gens-là ?

— Ils vont simplement faire le tour du lac, ma chère enfant.

— Mais pourquoi vont-ils si vite ?

— Pour montrer que leurs chevaux ont de très-bonnes jambes.

— Tiens ! tiens ! s'écria Marianna, voilà des dames qui conduisent elles-mêmes leur voiture ; leurs cochers sont donc malades ?

— Probablement, fit madame Leroy en souriant.

— Ça doit être bien ennuyeux pour elles, dit la petite fille.

— Que veux-tu ?

— Il me semble, moi, que j'aimerais mieux dans ce cas-là rester à la maison, répliqua Marianna.

— Ce serait préférable... évidemment.

— Ma tante !... ma tante !... regarde donc tous ces petits domestiques, ils sont habillés comme les singes que l'on promène dans les foires.

— Tu as raison.

— Oh, oh ! poursuivit Marianna de plus en plus étonnée, en voilà de très-grands qui ont de la farine dans les cheveux ! Et ceux-là !... qui ont des redingotes qui leur tombent sur les pieds ; c'est donc pour cacher leurs jambes qui sont tortues ?

La collation fut extrêmement gaie (p. 53).

— Oui, ma chère enfant, tu l'as deviné.

— Tiens!... tiens!... en voilà qui ressemblent à des postillons!... Oh, oh!... si l'on peut atteler quatre chevaux à une voiture pour traîner une vieille dame qui n'est pas grosse du tout.

— C'est pour prouver qu'elle est très-riche, répliqua madame Leroy qui s'amusait beaucoup des réflexions de sa nièce.

— La drôle d'idée!... qu'est-ce que ça peut donc faire aux autres?

— Un petit garçon à cheval!... cria Maurice à son tour... Le joli cheval! il n'est guère plus gros que Surveillant.

— C'est un poney, dit monsieur Fournier.

— Papa... je voudrais avoir un poney...

— Bien, mon fils... je n'aurai garde de l'oublier... répondit sérieusement monsieur Fournier...

Le long défilé des voitures était si varié, si amusant, que nos promeneurs arrivèrent, sans y songer, au rond-point des Champs-Élysées où les attendaient bien d'autres divertissements.

LES CHAMPS
ELYSEES

CHAPITRE IV

LES CHAMPS-ÉLYSÉES

A partir du rond-point jusqu'à la place de la Concorde, les Champs-Élysées semblent entièrement réservés aux plaisirs de l'enfance.

C'est là que se trouvent réunis, à deux pas du palais de l'Élysée, les glorieux théâtres de GUIGNOL, de GRINGALET, de BAMBOCHINET, de GUIGNOLET, et le THÉATRE-VARIABILITÉ ; c'est-à-dire ce qui représente en partie l'art dramatique enfantin.

La voiture, devenue inutile pour la promenade qu'on méditait, fut renvoyée par madame Leroy.

Voyons, mes chers enfants, à quel théâtre voulez-vous aller? dit la mère de Charlotte en s'arrêtant devant les cinq baraques qu'on peut embrasser d'un seul coup d'œil.

— Chez Gringalet, c'est le plus amusant; ses pièces sont très-belles, dit Charlotte qui se trouvait là plus spécialement sur son terrain.

— Moi je veux aller à tous les théâtres, dit Maurice qui était passionné pour le spectacle.

— Tu as raison, vous irez à tous... en commençant par Guignol qui se trouve le premier.

— Allons chez Guignol !.. s'écria Marianna; et elle s'élança pour prendre sa place au premier rang des petits spectateurs.

Charlotte, Maurice et Paul la suivirent si lestement qu'ils s'y trouvèrent assis en même temps qu'elle.

LE THÉATRE GUIGNOL

La toile se leva.

Le fils du célèbre Guignol est une espèce de mauvais garnement dont la grande occupation est de jouer les plus vilains tours à tout le monde, et qui est si menteur et si sournois qu'il ferait battre ensemble l'Obélisque et les tours de Notre-Dame.

Au début de la pièce, il est domestique chez un riche bourgeois et fait tous ses efforts pour embrouiller dans ses calculs un bonhomme de tapissier chargé par son maître de décorer le salon où il se trouve.

Chaque fois que le tapissier, en prenant ses mesures, énonce tout haut la quantité de mètres d'étoffe qu'il lui faudra pour exécuter son travail, le petit Guignol parle plus haut que lui en répétant :

1. 2. 4. 17. 5. 11. 15. 38... etc., etc.

Le bonhomme, impatienté, finit par secouer Guignol qui le secoue à son tour et en vient même à lui donner de si forts coups de bâton qu'il serait complétement assommé sans l'intervention de Scapin , un autre domestique de la maison.

Mais Scapin est aussitôt rossé par le petit Guignol pour prix de sa généreuse conduite.

Le pauvre Scapin, qui a les yeux au beurre noir et toute la tête en marmelade, pousse des cris affreux...

— Ah ! c'est ainsi, lui dit Guignol, eh bien, je vais aller dire à mon père que c'est toi qui m'as battu, et il t'arrangera...

— Le menteur ! s'écrie Scapin.

Le père Guignol, un gros butor, arrive immédiatement, et, sans la moindre explication, bat de nouveau le pauvre Scapin en criant :

— Ah ! tu battras mon fils !

Le petit Guignol revient ensuite pour se moquer de Scapin qui lui reproche la noirceur de son caractère.

— Ah ! tu n'es pas encore content ! s'écrie le mauvais sujet, c'est bon... je vais retourner dire à mon père que tu viens de me donner un coup de poing sur la tête et un coup de bâton sur l'oreille.

Réapparition du père Guignol qui tombe une seconde fois sur l'innocent Scapin et le bat comme plâtre en continuant de s'écrier :

— Ah ! tu battras mon fils !

Au même instant arrive le maître de la maison à qui l'effronté Guignol est allé raconter que Scapin lui faisait depuis une heure subir les plus durs traitements.

Mais tout se découvre à la fin.

Le maître, justement indigné, autorise alors Scapin à se venger des deux Guignol.

La vengeance ne se fera pas attendre.

Survient le maître tapissier.

Il désire savoir si l'ouvrier qu'il a envoyé le matin a fait convenablement sa besogne. Scapin profite de l'occasion pour lui confier ce qu'il a souffert de Guignol père et de Guignol fils, et le prie de l'aider à se venger.

Le maître tapissier y consent.

Scapin, rempli de malice, lui trace aussitôt son rôle qui consiste à se faire passer pour le directeur de l'Opéra, et à proposer au père Guignol un engagement de 3,000 francs par soirée pour chanter à son théâtre.

Il faut dire que le père Guignol a la prétention d'être un excellent chanteur.

Scapin s'enfuit en entendant venir celui qu'il se propose de mystifier.

Le maître tapissier et le père Guignol se trouvent face à face. Leur premier mouvement est de se saluer avec beaucoup de cérémonie.

— Monsieur, je suis le directeur de l'Opéra, dit le maître tapissier.

— Enchanté, Monsieur, répond le père Guignol.

— J'ai beaucoup entendu parler de vous, monsieur *de Guignol;* oui, on m'a assuré que vous aviez une très-belle voix, et je viens vous proposer d'entrer en qualité de chanteur à mon théâtre.

— Ma foi, vous faites très-bien, monsieur le Directeur, car je suis certain que les habitués de l'Opéra m'entendront avec le plus grand plaisir, dit le père Guignol en se rengorgeant.

— Moi, j'en ai la conviction, monsieur de Guignol.

— Seulement, vous comprenez, monsieur le Directeur, qu'un artiste comme moi ne peut pas chanter pour des prunes ou un morceau de pain.

— Je le sais, monsieur de Guignol, et je vous offre ce qu'on donne aux premiers sujets, c'est-à-dire 3,000 francs par soirée.

— Trois mille francs par soirée !... cela vaudra toujours mieux que de gagner six cents francs par an à allumer des réverbères, s'écrie Guignol à part lui.

— J'espère que vous acceptez, monsieur de Guignol.

— J'accepte!.. trois mille francs par soirée... et un verre de vin...

— Et un verre de vin... si vous le désirez.

— Oh! j'y tiens beaucoup, dit le père Guignol; d'abord

parce qu'un verre de vin donnera plus de velouté à ma voix.

— C'est entendu, monsieur de Guignol.

— Et que le vin soit bon!

— Soyez tranquille, répond le maître tapissier...

Puis il ajoute :

— Vous devez avoir une très-bonne méthode pour chanter... monsieur de Guignol ?

— Excellente, monsieur le Directeur, j'ouvre la bouche tant que je peux et je crie de toutes mes forces...

— Oui, c'est la belle manière, et vous seriez très-aimable de me donner un échantillon de votre talent...

— Volontiers...

Et le père Guignol se met à chanter d'une voix à épouvanter une tribu de sauvages :

« *Malbrou s'en va-t-en guerre*... etc...

— Quelle voix !.. s'écria Marianna, c'est pis que Surveillant quand il aboie...

Le soi-disant directeur de l'Opéra s'est détourné pour rire tout en se bouchant les oreilles.

Pendant ce temps le père Guignol, emporté par l'amour du chant, fait force roulades de sa composition.

— C'est parfait !.. parfait ! et vous débuterez ce soir, reprend le maître tapissier ; mais dites-moi, monsieur de Guignol, vous savez la musique ?

— On ne peut mieux !

Et Guignol ajoute à part :

— J'ai jusqu'à ce soir pour l'apprendre, c'est plus que suffisant.

L'affaire est conclue et le maître tapissier s'éloigne pour avertir Scapin que le père Guignol a donné dans le panneau.

Resté seul, celui-ci songe à apprendre la musique... mais il ne sait, dit-il, par quel bout commencer... et se gratte naïvement l'oreille pour s'éclairer là-dessus.

— Bon, reprend-il tout à coup, j'y songe, j'ai entendu Scapin jouer de la flûte... il doit connaître la musique sur le bout du doigt ; diable ! ajoute-t-il aussitôt, il ne voudra pas me donner de leçons, je l'ai trop battu ce matin.

Scapin se montre, et feint de vouloir se retirer en apercevant le père Guignol.

— Mon ami Scapin !.. s'écrie le vilain brutal, ne t'en va pas, je t'en prie.

— Je te vois venir... tu veux encore me rouer de coups... dit Scapin.

— Non, mon ami... je me repens même de t'avoir maltraité, car je sais que tu as bon cœur.

— Tu devais le savoir ce matin.

— Ne parlons plus de ça... et, pour preuve que je t'aime à présent, je vais te demander de m'enseigner la musique.

— La musique !... s'écrie Scapin d'un air étonné.

— Oh ! un peu de musique... entre amis, et comme qui dirait sur le pouce.

— Et qu'en veux-tu faire ?

— Apprends, mon ami Scapin, que je suis engagé à l'Opéra à raison de 3,000 francs par soirée... et un verre de vin.

— Peste ! mais te voilà tout à fait riche, mon ami Guignol.

— Dame ! quand on a du talent... il faut bien qu'on devienne riche tôt ou tard.

— C'est juste... et quand dois-tu débuter ?

— Ce soir même.

— Diable ! mais tu n'as que fort peu de temps pour apprendre la musique ; après ça, tu as sans doute de grandes facilités ?

— J'en ai d'énormes, et une bonne heure de leçon...

— C'est parfait, mon ami... Je vais donc t'apprendre la musique, seulement il vaut mieux descendre dans la cour, ça ferait trop de bruit dans la maison.

— Allons où tu voudras.

Scapin prend un long bâton avant de descendre.

— Pourquoi ce bâton ? demande le père Guignol avec défiance.

— Eh! mais, c'est pour marquer la mesure, répond Scapin.

Ils sortent ensemble et la toile tombe.

. . . .

Au second acte, le père Guignol et Scapin sont dans la cour ou dans la rue, car le décor est un peu vague.

— Mon cher Guignol, dit Scapin, il faut commencer par apprendre tes notes.

— *Allons-y*... répond le père Guignol.

— Fais bien attention, je vais te donner un *do*.

— Me donner un dos! mais j'en ai un... et un fameux encore, répond le père Guignol.

— Tu ne comprends pas, *do* est le nom d'une note de musique.

Scapin chante le *do*.

Le père Guignol essaye d'imiter Scapin... mais sa voix ne rend qu'un gros son de cloche fêlée.

— C'est très-bien... très-bien... Tu vas maintenant répéter le *ré*.

— *Raie* ! s'écrie le père Guignol avec colère. Fais bien attention, Scapin, si je veux apprendre la musique, je ne veux pas que tu m'insultes.

— Puisque je te dis que c'est une note de musique.

— Raie! une note? je te dis, moi, que c'est un poisson, un très-vilain poisson.

— Dis *mi*, alors.

— *Mie* ! tu m'appelles mie... et tout à l'heure tu m'appelleras croûte!... Sac à papier!

Le père Guignol donne une volée à Scapin.

—Est-il bête et méchant ce père Guignol! s'écria Marianna révoltée.

— Attends un peu, lui dit Maurice, qui saisit son fusil et fait sur Guignol un terrible pif!... paf...!

Le butor continue de battre Scapin.

Enfin le malheureux peut se faire entendre et s'écrie d'un ton suppliant :

— Arrête donc, Guignol, puisque je t'assure que ce sont les noms des notes de musique ; je vais te les dire à la file.

— Soit ! dit le père Guignol ; nous verrons bien.

Scapin se met aussitôt à chanter :

Do, ré, mi, fa, sol, la, si, do.

— C'est possible, dit le père Guignol, mais je ne chanterai jamais *Raie ni sole ;* ce sont les noms de deux poissons que je déteste, et puis je ne veux pas non plus qu'on m'appelle *scie-dos,* c'est impoli.

— Alors tu ne gagneras jamais 3,000 francs par soirée, lui fait observer Scapin.

— Je veux pourtant les gagner.

Guignol se décide à chanter toute la gamme ; de plus, Scapin lui fait comprendre qu'il est nécessaire de lui battre la mesure sur la tête.

Guignol y consent à la condition que Scapin la battra très-doucement.

C'est bien convenu, mais le malicieux Scapin, qui le touche d'abord avec délicatesse, finit par le battre aussi rudement qu'il a été battu par lui.

Fureur du père Guignol qui bat de nouveau son professeur de musique, puis se jette sur le soi-disant directeur de l'Opéra qui survient au même instant.

Il a compris qu'ils se sont tous deux moqués de lui, et sa fureur n'a plus de bornes.

Le petit Guignol, qui rôdait aux environs, arrive tout à coup et frappe en même temps que son père...

Par bonheur, le maître de la maison, attiré par le bruit, paraît à son tour et chasse les deux Guignol, ce qui est la juste punition de leur vilaine conduite.

Là, finit la pièce.

— C'est bien fait ! s'écria Marianna.

Quant à Maurice, il était debout sur son banc et faisait toujours pif paf sur les deux Guignol.

La toile, en tombant, vint les dérober à sa vengeance.

Vite ! vite! voilà Gringalet qui va commencer sa représentation, s'écria Charlotte.

Marianna, Maurice et Paul suivirent aussitôt la petite fille.

Monsieur Fournier et madame Leroy les imitèrent.

LE THÉATRE DE GRINGALET.

— Vous allez voir Gringalet, il a une vilaine voix, mais il joue très-bien... et puis ses pièces sont tout à fait belles, dit Charlotte d'un air capable et en s'installant de son mieux.

Nos jeunes spectateurs étaient à peine assis que le rideau se leva :

Quatre polichinelles des plus beaux, c'est-à-dire dorés des pieds à la tête, entrèrent en scène où ils se livrèrent à une danse effrénée.

L'impétuosité de leur apparition, accompagnée de cris perçants, causa une telle frayeur à Maurice et à Marianna, qu'ils se rejetèrent en arrière, au grand amusement de Charlotte et du petit Paul, déjà faits aux façons bruyantes de ces pantins mal élevés.

Les polichinelles, arrivés comme une trombe, s'en retournèrent de même pour céder la place à quatre pierrots dont la danse encore plus folle ne laissa rien à désirer.

Après ce prélude, destiné à mettre les enfants en belle humeur, la véritable pièce commença ; elle avait pour titre :

GRINGALET, MÉDECIN.

Gringalet n'est pas un médecin ordinaire, il a fait ses

études au cabaret, et ne traite ses malades que par l'électricité, à laquelle il ajoute quelques coups de bâton sur la tête, ce qui, selon lui, doit achever promptement leur guérison.

L'électricité, si nos jeunes lecteurs l'ignorent, est une propriété qu'ont certains corps lorsqu'ils ont été chauffés ou frottés, ou mis en contact, d'attirer ou de repousser les corps légers, de lancer des étincelles, et même des aigrettes lumineuses, et aussi de faire éprouver des commotions au système nerveux.

Gringalet a donc acheté une machine qui produit ces effets, et il s'est établi médecin, tout comme on s'établit marchand d'échaudés ou de pommes de terre frites.

Devenu ainsi M. le docteur Gringalet, il a pris un domestique, ou plutôt un compère, et tous deux exploitent les pauvres malades assez fous pour venir en consultation dans leur cabinet.

Une machine électrique figurée par un grand disque de verre où s'adapte une manivelle et une longue chaîne de cuivre, s'aperçoit à gauche du spectateur, sur le devant de la scène, dont le milieu est occupé par une simple chaise destinée aux malades.

A droite se voit la porte du cabinet où le grand docteur Gringalet se tient à l'affût des visiteurs.

Au début de la pièce, le docteur et son compère se moquent à l'avance des imbéciles qu'ils vont duper.

— Quelqu'un!... s'écrie Gringalet en entendant du bruit... et il rentre vivement dans son observatoire.

Son compère, pendant ce temps, se dirige vers la porte d'entrée.

— Regardez bien, disait à ses compagnons la petite Charlotte qui savait la pièce par cœur.

Ces paroles lui sont à peine échappées qu'on voit apparaître une vieille dame en toilette exceptionnelle.

Le compère de Gringalet s'incline jusqu'à terre pour la

saluer convenablement. La vieille dame lui rend son salut avec non moins de cérémonie.

Ils recommencent plusieurs fois ce manége et toujours leurs nez se rencontrent avec plus de fracas, à la grande joie des spectateurs.

— C'est très-amusant, dit Marianna.

Mais tout prend fin, et la bonne dame interrompt ses révérences pour dire d'une voix nasillarde :

— Monsieur, je suis la comtesse de Mirliton, et je viens pour consulter le célèbre docteur Gringalet.

— Fort bien, madame la Comtesse, l'illustrissime docteur Gringalet va se rendre à vos désirs.

Et le compère pousse un cri strident qui fait bondir la vieille dame.

Gringalet, qui n'attend que ce signal, se montre vêtu d'une grande robe verte et d'un chapeau noir, haut et pointu, ce qui lui donne l'air d'un homme très-savant.

— Que voulez-vous de moi, belle Madame? dit-il à la comtesse.

— Monsieur le docteur, j'ai entendu parler de votre grand savoir par mon épicier et je suis venue pour y avoir recours.

— Ça vous coûtera dix francs, Madame, je ne puis vous guérir à moins... la nourriture et les loyers sont si chers.... et puis je suis obligé dans ma haute position de faire de la toilette, beaucoup de toilette.

— Eh bien, voilà dix francs, monsieur le Docteur... et guérissez-moi le plus vite possible.

— Ce sera fait dans cinq minutes, Madame... Mais d'abord, quelle est votre maladie?

— Illustre docteur, j'ai des vapeurs noires dans la tête, des cors aux pieds, et tout cela m'empêche de dormir.

— Fort bien... fort bien, belle Madame, prenez place sur ce siége, saisissez cette chaîne et appuyez votre tête où vous voudrez. L'important est de ne pas lâcher la chaîne, d'allonger les jambes et de les tenir très-roides.

La comtesse obéit.

— Regardez bien... reprit Charlotte.

— Allez, Monsieur... s'écrie Gringalet en s'adressant à son compère.

Celui-ci se jette sur la manivelle et la fait tourner de toutes ses forces.

— Plus vite, Monsieur! et vous, Madame, ne lâchez pas la chaîne, dit Gringalet.

— Vous allez voir!.. s'écria Charlotte.

— Fort bien, Monsieur!... reprend Gringalet en jetant un regard à son compère.

Puis il ajoute :

— *Maintenant, lancez l'étincelle!*

A ces mots Gringalet et son complice tombent à coups de bâton sur la pauvre comtesse qui pousse des cris affreux et se sauve à toutes jambes.

— Encore dix francs de gagnés!... dit Gringalet en se frottant les mains... et il rentre dans son cabinet en faisant signe à son compère d'avoir l'oreille au guet.

Tout l'auditoire pousse tout à coup un grand éclat de rire.

Un monsieur qui a le nez pour le moins aussi long que le bras vient de faire son apparition en scène.

Ce nez, qui a les narines en forme de chatière, est fortement retroussé.

— Oh, oh! quel nez! s'écria Maurice en battant des mains.

A peine entré, le monsieur renverse d'un coup de son énorme nez le compère de Gringalet qui s'est imprudemment avancé pour lui rendre ses hommages.

Gringalet, qui se présente à son tour, subit le même sort.

Pendant quelques secondes, le monsieur au grand nez ne peut faire un mouvement sans renverser, soit Gringalet, soit son compère ; sans risquer de leur crever les yeux.

— Faut qu'ils se reculent ! cria Maurice qui redoutait sérieusement de voir arriver un malheur.

Enfin les trois hommes prennent mieux leur distance, et le visiteur explique que son nez devient si grand, si grand et si gros, qu'il se trouvera bientôt dans la nécessité de lui mettre une fourche pour le soutenir, et que c'est dans cette crainte qu'il a voulu consulter le célébrissime docteur Gringalet.

— Vous avez bien fait, Monsieur, dit Gringalet en tâtant le pouls du visiteur.

Puis il ajoute :

Ce n'est rien ; vous prenez sans doute beaucoup de tabac, Monsieur?

— Je n'en prends pas du tout, Docteur...

— Vous fumez alors?

— Pas davantage.

— Eh bien, c'est que vous mangez beaucoup de salade ?

— Quant à ça, Docteur, c'est vrai.

— Ne cherchons pas une autre cause à la grosseur de votre nez, mon ami.

— Comment, vous croyez que c'est la salade?

— J'en suis certain, bien certain.

— Et vous connaissez un remède à ma difformité, Docteur ?

— Oui, Monsieur, un excellent, qui me permettra de donner à votre nez le poids, la longueur et la forme qu'il vous plaira.

— Vraiment, Docteur?

— Rien ne m'est plus facile.

— Parbleu!... vous êtes un savant homme!... et, puisqu'il en est ainsi, je vous demande de me faire tout de suite un nez qui ne soit ni trop gros ni trop petit, ni trop rond ni trop pointu, ni trop rouge ni trop bleu, ni trop blanc, enfin le plus beau nez du monde.

— Vous serez content, Monsieur,... dit Gringalet. Mais avant tout donnez-moi dix francs ; je ne travaille pas à moins, la nourriture et les loyers sont si chers... et puis...

— Docteur, je ne marchande jamais; voilà dix francs.

— Asseyez-vous là... saisissez cette chaîne... et tenez-la ferme entre vos mains.

— Tiens, c'est comme pour la comtesse, fit observer Maurice, qui ne perdait pas un mot, pas un geste des acteurs.

Gringalet fit un signe à son compère.

— Allez!... et grand train!... lui dit-il.

L'homme fait marcher la machine à tour de bras.

— Plus fort!... plus fort encore!... car le cas est prodigieux, dit Gringalet d'un ton doctoral.

Puis il reprend :

— Parfait!... parfait!... en avant l'étincelle!

A ces mots, pan! pan! pan!... les coups de bâton tombent comme grêle sur le patient qui se sauve, tenant à deux mains son énorme nez.

— Encore dix francs de gagnés !... dit le docteur Gringalet en se dirigeant vers sa retraite.

Charlotte riait à se tordre.

— Attention, vous allez voir la mère Trinquefort, c'est celle-là qui est amusante avec son grand bonnet, dit-elle tout bas à Marianna et à Maurice.

La mère Trinquefort entre sans plus tarder. La malheureuse pleure, gémit, elle a un mal de dents horrible, et vient, comme les autres, chercher du soulagement auprès de l'illustre docteur Gringalet.

Le compère du docteur s'avance pour la recevoir, et les saluts et les chocs de tête recommencent de plus belle, à ce point, que le bonnet de la mère Trinquefort finit par se trouver tout de travers.

Les rires partent comme une fusée de feu d'artifice.

Gringalet, qui sort de son cabinet à l'arrivée de chaque malade comme l'araignée de son trou à chaque mouche qui se prend dans sa toile, salue la mère Trinquefort, laquelle se hâte de lui donner des explications sur le mauvais état de sa mâchoire.

Elle ajoute que sa voisine, la mère Robineau, lui a conseillé de mettre une gousse d'ail sur sa dent malade, mais que cet excellent remède n'a pas agi sur elle, sans doute à cause de son tempérament qui est très-délicat, très-distingué.

Gringalet lui répond par son éternel refrain :

— Donnez-moi dix francs, et avant cinq minutes vous serez guérie, car je ne suis pas de ces médecins qui ont la mauvaise habitude de traîner leurs malades.

— Voilà dix francs, monsieur le Docteur.

Le traitement commence.

La mère Trinquefort est assise... le compère tourne la manivelle, et le docteur Gringalet qui a saisi son bâton se tient prêt.

— Tournez plus fort!... crie Gringalet en même temps que les petits spectateurs.

Le compère redouble de vitesse.

— Lancez l'étincelle! reprend Gringalet.

La mère Trinquefort reçoit une volée de coups de bâton

sur la tête et pousse des cris perçants... Puis tout aussitôt on lui présente une énorme dent à quatre racines, comme résultat de l'opération qu'elle vient de subir.

— Ça! ma dent?... elle est plus grosse que ma tête!

On chasse la mère Trinquefort avec un redoublement de

coups de bâton, et cela, comme toujours, au milieu des rires de l'assistance.

— Serre ma dent pour une autre occasion, dit Gringalet à son compère.

Et il ajoute en tapant sur sa poche :

— Encore dix francs de gagnés !

Enfin arrive une grande demoiselle qui porte une barbe... une barbe !... mais une barbe longue... longue d'un mètre ; une barbe, pour tout dire, qui ferait la gloire d'un sapeur de profession.

— Monsieur le docteur Gringalet, dit-elle après une simple révérence, telle que vous me voyez, je désire me marier au plus vite à un pâtissier qui fait d'excellents gâteaux...

— Fort bien, Mademoiselle... c'est un bon parti... dit Gringalet.

— Excellent, Monsieur, car il fait tant de gâteaux que j'en pourrai manger toute la journée... seulement...

— Seulement ?... demande Gringalet.

— Seulement il ne veut pas d'une femme à barbe, grand docteur.

— Et vous êtes venue me demander le moyen de faire disparaître ce désagrément ?

— Justement, grand docteur...

— Je vais vous enlever ça en un tour de main.

— Mais d'abord, donnez-moi dix francs.

— Les voici.

— Très-bien... maintenant asseyez-vous là... appuyez-vous la tête selon votre fantaisie, allongez les jambes.... et ne remuez pas plus qu'une *estatue*.

— Surtout qu'il n'en reste pas un poil, vous m'entendez, Docteur ? dit la femme à barbe en se plaçant sur la chaise d'après les prescriptions de Gringalet.

— Soyez tranquille, je vous enleverais plutôt la tête, dit

le traître en jouant avec le bâton qu'il tient derrière son dos.

Et immédiatement la machine tourne.

Puis l'étincelle part en même temps que les coups de bâton.

— Aïe !... aïe !... crie la pauvre demoiselle qui se rebiffe de toutes ses forces...

Enfin elle s'enfuit, laissant sa barbe tout entière entre les mains de Gringalet, qui s'écrie de nouveau :

— Encore dix francs de gagnés !

Mais l'heure du châtiment a sonné, et, cette fois, trois gendarmes, avertis par les victimes de Gringalet, viennent saisir le médecin et son complice, puis les emmènent en prison malgré leur résistance acharnée.

Le rideau n'était pas encore entièrement baissé que Charlotte s'écriait :

— Vite ! voilà Bambochinet qui commence !...

Et, sans consulter personne, elle s'élançait, suivie de ses petits compagnons, vers le théâtre que nous venons de nommer.

THÉATRE DE BAMBOCHINET.

L'affiche annonçait :

PIERROT, CHEF DE VOLEURS.

— Des voleurs !... s'écria Maurice, heureusement que j'ai mon fusil Chassepot.

Et, son arme entre les jambes, il s'était hâté de prendre place au premier rang, afin de pouvoir exécuter, si cela devenait nécessaire, son pif !... paf !.. sur les bandits qu'il s'attendait à voir.

Mais, soit que l'affiche mentît... ou qu'on se fût trompé

d'affiche... ou que l'auteur de la pièce eût passé à côté de son sujet, il n'apparut pour tout voleur que Polichinelle se dandinant au bout d'un fil, et envoyant des coups de pied au visage des imprudents qui avaient la politesse de venir le saluer, et cela jusqu'au moment où il monta sur un cheval descendu des nuages et mû comme lui par des ficelles.

Une dame très-fatiguée qui vint à passer en clopinant lui demanda une place sur sa monture... Il feignit de l'accorder avec grâce et mille protestations de respect, de dévouement; mais bientôt le méchant Polichinelle, abusant de la confiance qu'on lui témoignait, fit faire de telles cabrioles à son dada, que la pauvre dame, perdant l'équilibre, tombait sur le pavé en même temps que son compagnon qui avait le soin de se laisser choir sur elle pour éviter de se faire une bosse au front.

Vint ensuite la mère Gigogne.

C'est, comme chacun sait, une mère de famille bien connue dans le monde par ses gros jupons.

Elle se présentait fort majestueusement, quand tout à coup ses douze petits enfants, qui lui servaient de crinoline, sortirent de dessous sa robe et se mirent à danser avec beaucoup d'animation et de gentillesse.

— Ah, ah ! voilà enfin les petits voleurs, se dit Maurice, et il apprêta son terrible fusil, mais il était à peine en position que la mère et les enfants disparurent avec la rapidité d'un éclair.

Un monsieur fort bien mis, suspendu par une ficelle et tenant une grosse pipe entre les dents, vint alors occuper le milieu de la scène où il se tint roide comme un pal en ayant l'air de dire :

— Messieurs, Mesdames et Mesdemoiselles, admirez-moi, ça ne sera que juste.

— Est-ce que c'est le chef des voleurs ? demanda Maurice à qui la main démangeait.

— Attends... tu vas voir, lui répondit Charlotte.

Un second pantin vint en ce moment présenter une allumette de papier au beau monsieur.

L'allumette flamblait.

Le beau monsieur y alluma sa pipe, puis en manière de remercîment éteignit l'allumette sur le visage de l'officieux pantin qui se sauva à toutes jambes.

Le censé chef de voleurs, qui fumait sa pipe comme un honnête bourgeois, impatientait fort Maurice; il lui tardait de le voir se livrer à ses brigandages pour avoir un prétexte de tirer dessus.

Par malheur, sa pipe une fois fumée, ce pantin disparut encore plus vite que les précédents.

— Il va bien certainement chercher ses compagnons, pensa Maurice, aussi fût-il vraiment penaud quand il le vit remplacé par un autre pantin doué de la singulière faculté de perdre ses membres en dansant, membres qui revenaient ensuite à leur place pour continuer leurs fonctions.

Enfin la toile tomba.

— Ah! que c'est bête!... s'écria Maurice en se levant de fort mauvaise humeur.

Il faut dire que le théâtre de Bambochinet est inférieur à ses voisins... Je sais bien que c'est un point délicat, et sur lequel il ne faut s'exprimer qu'avec une très-grande réserve, autant pour ménager la juste susceptibilité de son directeur que pour ne pas blesser l'amour-propre des auteurs qui travaillent pour cette petite scène; mais enfin il peut être utile de dire ici la vérité, ne fût-ce que pour expliquer le mécontentement de Maurice.

Charlotte qui, en sa qualité de parisienne, pilotait ses petits compagnons, venait de les entraîner au théâtre Variabilité.

LE THÉATRE VARIABILITÉ.

La toile était à peine levée que le visage de Maurice s'épanouit :

Un voleur à qui son chef avait donné rendez-vous, en lui recommandant d'être très-exact, arrivait en scène à pas lents. Sa tête était couverte d'un chapeau à larges bords rabattus sur les yeux... et son corps enveloppé dans un ample manteau espagnol; son nez seul passait.

Il s'agissait de dévaliser toute une maison dont les locataires étaient absents.

Ce premier voleur avait tellement l'amour de son vilain métier, qu'il arrivait en avance.

— Personne encore, dit-il après avoir exploré la scène du regard... Eh bien! je vais faire un somme en attendant les camarades.

Cela dit, il se coucha sur le pavé où il fit tous ses efforts pour s'installer commodément... enfin, après plusieurs essais, il s'étendit sur le dos, dans la peur, disait-il, de *chiffonner* ses oreilles.

Ces précautions prises, il s'endormit comme un homme qui vivrait en paix avec sa conscience.

Le chef des voleurs se présente à son tour pour voir si ses hommes sont à leur poste.

Il n'en trouve qu'un, encore est-il si bien endormi qu'on le croirait mort.

Mille saperlotte ! dit-il, voilà de beaux gaillards !... comptez donc là-dessus !

Et il réveille le dormeur d'un vigoureux coup de pied.

Le voleur se relève aussitôt.

— Ah, ah !... c'est vous, capitaine !... je suis heureux de vous voir, lui dit-il avec respect... et tout en se frottant les côtes.

— Où sont tes camarades ? dit brusquement le capitaine.

— Je l'ignore.

— Ce sont des poltrons et des propres à rien ; nous nous passerons d'eux..

— Parfaitement, capitaine.

— Nous ferons le coup tout seuls, le partage sera plus vite fait. — En avant, Rinaldo !....

— En avant !... capitaine, répond le voleur, heureux de penser qu'il aura ainsi une plus grosse part de butin.

Le capitaine, fort et résolu comme il convient à un chef

de brigands, se retourne et enfonce aussitôt, avec sa tête, la porte de la maison qu'il prétend dévaliser. Il y pénètre bravement après avoir dit au voleur qui compose toute sa bande :

— Camarade, faisons vite, pour échapper à ces coquins de gendarmes.

Une seconde après, le capitaine se montre à la fenêtre du premier étage, d'où il tend une petite malle à son complice.

Celui-ci s'en empare, la pose à terre, l'examine, et la trouve fort belle.

— Psitt ! Rinaldo ! crie aussitôt le capitaine en lui présentant une autre malle.

Rinaldo court s'en emparer et revient lestement la déposer à côté de la première. Puis il l'examine et la trouve plus belle que l'autre.

— Psitt ! Rinaldo !... crie de nouveau le capitaine, et il lui présente cette fois une malle si grosse, qu'elle bouche entièrement l'ouverture de la fenêtre.

Rinaldo s'avance effrayé de la charge qu'on lui destine... Il hésite, enfin il l'attire à lui, et, faisant les plus grands efforts, il parvient à la déposer à côté des deux autres.

Le capitaine se hâte de rejoindre Rinaldo, et d'examiner avec lui le contenu des malles qu'ils viennent de voler.

Elles sont pleines de richesses.

Tous deux les emportent pour les mettre en sûreté dans leur souterrain, qui est proche de là.

Cette opération terminée, il reste encore une caisse très-lourde dans la maison où ils ne veulent rien laisser... c'est celle qui contient probablement le trésor des locataires, et cette fois ils ne seront pas trop de deux pour l'emporter.

Rinaldo et son chef s'introduisent dans la maison et en ressortent bientôt avec une caisse énorme qui est entièrement dorée.

— Sapristi !... qu'elle est lourde !... s'écrie le capitaine.

— Tant mieux !... car elle doit être remplie d'or, répond Rinaldo.

Les deux voleurs se frottent les mains à cette pensée.

— C'est égal, capitaine, nous ne pourrons jamais l'emporter à nous deux, ce serait risquer de nous donner un effort.

— Il faut peut-être aller prier les gendarmes de nous venir en aide, réplique le capitaine en se moquant de Rinaldo.

— Je ne suis pas assez bête pour avoir une pareille idée, répond Rinaldo ; seulement, je crois qu'il serait bon d'ouvrir la caisse et de la déménager en plusieurs fois. — Qu'en pensez-vous, capitaine ?

— Je pense que ton idée est bonne, et qu'il faut la mettre à exécution le plus vite possible.

La caisse est ouverte après bien des efforts; mais tout à coup, juste au moment où les voleurs en enlèvent le couvercle, un grand diable à cornes rouges se dresse devant eux et pousse un cri infernal.

Les deux brigands prennent la fuite sans regarder en arrière.

— Ah, ah !... s'écrie Maurice en faisant pif ! paf !... sur les voleurs qui n'en courent que plus vite.

Après leur départ, le diable, qui a profité de la circonstance pour prendre un peu l'air, rentre tranquillement dans sa boîte dont le couvercle se referme sur lui.

Les gendarmes, las de ronfler comme un canon dans leur poste, se sont enfin réveillés, et vont faire une petite ronde, tout simplement pour avoir l'air de gagner leur argent. Par malheur, leurs yeux ne sont pas encore complétement ouverts et ils trébuchent sur la grande caisse dorée.

— Oh, oh !... qui va là ?... s'écrie le brigadier de sa plus grosse voix.

— Brigadier, ce n'est qu'une malle, répond un gendarme.

— Une malle toute seule dans la rue ! à pareille heure !... ce n'est pas naturel ; il y a quelque *malfaicteur* là-dessous... répond le brigadier.

— Vous avez raison, brigadier, c'est peut-être une machine infernale dirigée contre les défenseurs de l'ordre public.

— Peste ! fait subitement le brigadier, et il se recule de quelques pas, ainsi que ses trois gendarmes.

Le brigadier se bouche un moment les yeux avec ses poings pour mieux réfléchir sur ce grave incident.

— Gendarmes ! s'écrie-t-il après quelques secondes, emparez-vous de cette caisse, et fouillez-la jusqu'au fin fond du fond.

A cet ordre, les trois gendarmes font un nouveau pas en arrière.

— Eh bien !... vous reculez !... mille bombardes !... qu'est-ce que cela signifie? on dirait que vous avez tous pris médecine !... Allons, Beauplumet, donnez l'exemple à vos camarades, et songez qu'en cas de malheur il y a une pension aussi bien pour les morts que pour les blessés.

Beauplumet, qui avait un œil de moins, et ne tenait pas, sans doute, à risquer l'autre, hésitait encore, ainsi que ses deux compagnons.

— Ils ont peur !... s'écria Maurice en montant sur son banc.

A cette rude apostrophe, le rouge de la honte monte au nez des gendarmes, et ils se jettent en avant pour exécuter l'ordre de leur chef.

Mais, ô terreur !... le diable était toujours là, dans sa caisse, et les trois gendarmes s'en étaient à peine approchés qu'il leur sauta aux yeux, en ricanant comme un vrai démon, ce qui les mit immédiatement en fuite.

Le brigadier rugit de colère en voyant fuir ses hommes, et s'approche avec résolution de la grande caisse.

Mais bast! à son tour il aperçoit le diable qui lui donne un soufflet, et il détale encore plus vite que les autres en poussant des cris affreux. Et tout le monde de rire aux

larmes, jusqu'au petit Paul qui s'écriait en se tordant :

— Oh! le brigadier, il a encore plus peur que les soldats.

Pendant ce temps, le capitaine des voleurs avait repris courage, et il revenait tout seul pour voir si, par hasard, le diable n'était pas sorti de sa boîte...

Malheureusement pour lui, l'officier de gendarmerie, indigné de la poltronnerie de ses hommes, arrivait de son côté, le bonnet de police sur l'oreille, pour empoigner le soi-disant diable, et le conduire en prison.

Les deux hommes se toquèrent l'un contre l'autre.

— Ah, ah! te voilà, maître voleur! s'écria l'officier, qui reconnut le bandit à son large manteau couleur de muraille.

Et il lui sauta à la gorge.

Une lutte gigantesque s'engagea.

Enfin l'officier vainqueur entraîne le bandit pour le conduire devant ses juges.

Le diable, n'ayant plus personne à effrayer, s'élance hors de sa boîte pour retourner à ses affaires.

— A la bonne heure!... voilà une jolie pièce! s'écriait Maurice en remettant son fusil en bandoulière...

Il ne leur restait plus à voir que le théâtre de Guignolet, et ils y coururent sans désemparer.

LE THÉATRE DE GUIGNOLET.

Guignolet est-il le petit-fils de Guignol, et s'est-il installé à deux pas de son grand-père pour lui faire concurrence?

Nous ne saurions le dire, et moins encore l'affirmer, n'ayant pu obtenir de renseignements précis à cet égard; seulement il est notoire qu'il fait les plus grands efforts pour plaire à son jeune public.

Il donnait, ce soir-là, une pièce très-morale :

LA GOURMANDISE PUNIE.

Il n'est pas un défaut qui ne porte sa peine avec soi, mais la gourmandise a cette particularité que sa punition est immédiate, et se produit le plus souvent sous la forme d'une grosse colique.

Ce n'était pas à ce point de vue que l'auteur de la *Gourmandise punie* l'avait envisagée, nos petits lecteurs en jugeront, car le plus court, je crois, est de leur raconter simplement la pièce.

Tous les bancs étaient occupés et la toile se leva avec une lenteur majestueuse.

Comme à l'ordinaire, une suite de cris perçants annoncèrent l'arrivée de Polichinelle, et bientôt il entra en scène en dansant un des pas qui lui sont familiers.

Sa présentation faite, il interrompit ses gambades pour dire qu'il venait de rencontrer un marchand de plaisirs, et qu'il éprouvait une grande envie de goûter à sa marchandise.

Le marchand, qui semblait n'attendre que ce moment pour se montrer, arriva en criant :

— Voilà le plaisir ! Messieurs, Mesdames ; voilà le plaisir !

— Ah, ah ! voilà le plaisir ! lui dit Polichinelle.

— Voyez, mon bon monsieur, ce n'est pas du vieux plaisir laissé pour compte, il est tout frais ; c'est un délice... Vite, vite ! décidez-vous, Monsieur, car les petits enfants vont arriver en foule et il n'y en aura pas pour tout le monde.

Polichinelle lorgnait de côté l'excellent plaisir, mais il n'avait pas d'argent, et un Polichinelle sans argent est comme un autre homme fort empêché de satisfaire sa gourmandise ; aussi s'écria-t-il d'un air dédaigneux :

— Pouah ! ton plaisir n'est guère bon que pour des goujats. Je suis certain qu'il est mou, salé comme mer, et qu'il ne sent pas plus la fleur d'oranger que le bout de mes sabots.

Une pareille insolence aurait pu fâcher un marchand

moins sûr de sa marchandise; celui-ci se contenta de répondre poliment, ce qui vaut toujours mieux :

— Vous vous trompez, monsieur Polichinelle, mon plaisir est de première qualité, et l'on ne saurait nulle part en trouver de meilleur.

— Eh bien alors, quel prix le vends-tu, ton plaisir ? dit brusquement Polichinelle.

— Je ne le vends pas, monsieur Polichinelle.

— Comment, tu ne le vends pas?

— Non, je ne suis pas un marchand comme un autre, je ne vends du plaisir que pour me distraire, c'est-à-dire que je le donne ; il suffit, pour en avoir, de faire marcher l'aiguille qui se trouve sur ma boîte.

Polichinelle, ravi de cette circonstance, met l'aiguille en mouvement.

L'aiguille s'arrête après deux ou trois tours.

— Perdu ! s'écrie le marchand.

— Comment, perdu ?

— Sans doute, l'aiguille ne s'est pas arrêtée au bon endroit ; il s'en faut d'une division.

Polichinelle, déçu dans sa gourmandise, est indigné, il reproche au marchand de s'être moqué de lui. Il dit qu'il a fait tourner l'aiguille comme c'était convenu, qu'il lui faut du plaisir, et qu'il lui en faut quand même.

Le marchand, qui est très-entêté, refuse de le satisfaire.

La colère de Polichinelle redouble, il se jette sur la boîte de plaisirs et tente de l'emporter.

Le marchand fait tous ses efforts pour défendre son bien, mais le malheureux ne peut longtemps résister aux coups de sabot que le méchant Polichinelle lui lance sans interruption, et il s'enfuit en criant Au secours, après lui avoir abandonné sa boîte.

Polichinelle pousse un long cri de victoire.

Maître de la boîte, il essaye en vain de l'ouvrir. Il la tourne en tout sens, sans trouver la plus petite fente, la moindre trace de serrure.

Il ne lui reste plus qu'à la briser à coups de sabot.

Il prend son élan...

Mais tout à coup le tonnerre gronde, la boîte se brise d'elle-même, et un diable noir, si noir, qu'il n'a jamais dû se laver les mains ni le visage, en sort avec violence, et emporte Polichinelle, au milieu d'un tonnerre d'applaudissements.

La morale était parfaite, et les enfants se retirèrent fort contents de la représentation...

Comme ils avaient exploré les cinq théâtres de l'endroit, on les emmena un peu plus loin, pour leur procurer de nouveaux plaisirs, non moins vifs que les premiers.

Nous ne voulons point parler des chevaux de bois que l'on rencontre à peu près partout, des fauteuils où l'on peut se faire peser, ce qui est un divertissement médiocre, des marchands de pain d'épices commun, et de gâteaux au beurre fort et à la poussière ; mais bien des charmantes petites voitures traînées par des chèvres, les plus gracieuses qu'on puisse imaginer.

Il est entendu que ces jolies petites chèvres ne font pas concurrence aux omnibus, et qu'elles sont là pour l'unique divertissement des enfants. Elles ont encore un autre avantage, auquel on ne réfléchit pas d'abord, c'est celui de former des cochers pour l'avenir, car ce sont les enfants qui conduisent eux-mêmes ces équipages en miniature.

Maurice et Marianna, qui apercevaient pour la première fois la voiture aux chèvres, s'écrièrent ensemble :

— Oh ! la belle calèche ! et ces petites chèvres, qu'elles sont gentilles !...

— Eh bien, puisque les voyageurs en descendent, prenez leurs places, mes chers enfants, s'empressa de dire madame Leroy.

— C'est ça, c'est ça, Paul et moi nous serons les cochers, s'écria Maurice en trépignant de joie.

— Et vous aurez des fouets tout neufs, mes petits messieurs, dit le maître de l'équipage ; les voici.

— Oh ! que ce sera amusant, dit Maurice qui grimpa aussitôt sur le siége en faisant signe à Paul de l'imiter.

Ils étaient si impatients de se mettre en route, que tous deux fouaillaient les chèvres, sans s'inquiéter si Charlotte et Marianna avaient eu le temps de prendre place, ni, enfin, si la voiture était complète à l'intérieur.

Il fallut modérer leur emportement et leur faire comprendre que le devoir d'un cocher est de se mettre aux ordres des voyageurs.

La voiture fut bientôt remplie.

Maurice et Paul, avertis qu'ils iraient en prison, s'ils avaient le malheur d'écraser quelqu'un, répondirent par un signe de tête qu'ils seraient prudents, et crièrent :

— Hue, hue ! les chèvres.

Les gentilles bêtes se mirent en marche.

Seulement, comme les chèvres ont un peu l'allure des dames bien élevées, qu'elles ne font jamais un pas plus vite que l'autre, Maurice et Paul firent claquer inutilement leurs fouets. Inutilement n'est pas le mot, car leurs nombreux flic flac, joints à leur belle tenue de cocher, produisaient le meilleur effet sur la foule qui se divertissait à les voir.

Emportés par le succès, Maurice et Paul avaient fini par se tenir debout et conduire leur attelage à la manière des empereurs romains, ce qui, sans la douceur des chèvres, eût pu avoir de graves inconvénients.

Leur pose était triomphante ; il est si beau de conduire les autres, quand on ne sait pas encore se conduire soi-même !

Aussi, Maurice et Paul furent-ils tout penauds, quand, arrivés à destination, on les pria de quitter leur siége.

— Encore, papa! s'écriait Maurice.

Mais comme les petites chèvres font un service public, et que d'autres enfants attendaient leur tour d'aller en équipage, il fallut se résigner à leur céder la place.

— Papa, tu m'achèteras une voiture pareille à celle-ci, avec des chèvres blanches, n'est-ce pas?... pour mes étrennes... dit Maurice.

— Nous verrons cela, mon fils.

— Parce que, vois-tu, j'aime bien à faire le cocher.

— Je te comprends, répondit le père en souriant.

— Oh! papa, regarde donc les jolis petits oiseaux qui jouent avec des cartes, s'écria en ce moment Marianna.

Tout le monde se retourna à l'exclamation de la petite fille.

A quelques pas de là, un homme se tenait devant une volière, installée sur des tréteaux, et divisée en quatre compartiments. Chaque oiseau y avait, pour ainsi dire, sa chambre particulière.

Ces oiseaux étaient de jeunes savants qui gagnaient honorablement leur vie et celle de leur maître, ce qui est une chose doublement belle pour des oiseaux.

Charlotte, Marianna, Maurice et le petit Paul se faufilèrent immédiatement au premier rang des spectateurs; ils y furent à peine, que le maître des oiseaux s'approcha de Marianna pour l'inviter à choisir une carte dans un jeu tout ouvert qu'il tenait à la main.

Marianna prit le *dix de carreau*, qu'on fit aussitôt remarquer aux spectateurs.

Puis l'homme, après avoir mêlé ses cartes, se tourna vers la volière en disant à un joli bouvreuil :

— Viens ici, mon ami; viens me montrer la carte que mademoiselle a choisie.

Le bouvreuil s'agita dans sa cage.

— Je vois ce que c'est, tu me demandes d'ouvrir la porte

Hue, hue! les chèvres (p. 93).

de ta chambre. Voici, mon ami, dit l'oiseleur en joignant le geste à la parole.

— Il va s'envoler !... ne put s'empêcher de s'écrier Marianna.

L'oiseleur sourit.

Le bouvreuil s'avança sur le seuil de sa cage, hésita, fit un demi-tour, et rentra chez lui.

— Allons, Monsieur, lui cria son maître, pas de paresse ; et, ce disant, il aligna les cartes devant l'oiseau.

— Il a peur de mon fusil, se dit Maurice, et il le dissimula prestement derrière son dos.

— Allons donc, répéta son maître tout en plaçant un petit morceau de sucre devant ses cartes.

Le bouvreuil sortit entièrement de sa cage cette fois, s'empara du sucre, et retourna d'où il venait.

Tout le monde se mit à rire de la malice de l'oiseau.

— Eh bien !... s'écria l'oiseleur d'une voix plus impérative.

Il n'y avait plus à rire, le bouvreuil le comprit, et se hâta de faire ce qu'on exigeait de lui. Il passa la revue des cartes en sautillant, en prit une avec son bec, et la présenta à son maître.

C'était bien le *dix de carreau* choisi par Marianna.

Les enfants poussèrent un cri d'admiration.

— Qu'il est intelligent !... qu'il est mignon !... s'écria la petite fille.

Le bouvreuil fut réintégré dans son domicile dont on referma la porte.

L'oiseleur se mit de nouveau à mêler les cartes, et les présenta à Maurice.

Celui-ci en tira le *sept de cœur*.

L'homme prit la carte des mains de Maurice, la fit remarquer aux spectateurs, et la montra ensuite à un chardonneret, qui se trouvait à l'extrême droite de la volière.

L'oiseau regarda son maître et la carte avec une complète indifférence. Il avait l'air de lui dire : « Eh bien, c'est un *sept de cœur*, en quoi cela peut-il m'intéresser ? »

Mais ces façons impertinentes ne faisaient pas l'affaire de l'oiseleur.

Premièrement, ce n'était pas poli ; secondement, c'était manquer à ses devoirs d'oiseau savant.

— Allons, Monsieur, vous oubliez que le public attend, qu'il vous regarde.

Le chardonneret qui n'aimait pas, il paraît, les remontrances, tourna le dos à son maître et au public.

— Le vilain ! dit Marianna.

L'oiseleur reprit :

— Vous entendez, Monsieur...

Le chardonneret ne bougea pas.

— C'est bien, je voulais vous donner du sucre, mais, puisqu'il en est ainsi...

— Attrape, dit le petit Paul.

Le chardonneret tourna la tête, mais sans précipitation ; il mettait sans doute son amour-propre à ne pas paraître gourmand.

— Venez, il en est encore temps, reprit son maître, en posant une miette de sucre devant lui.

Le chardonneret fit aussitôt volte-face, et d'un saut fut sur le seuil de la cage.

— On voit tout de suite qu'il est gourmand, fit observer Maurice à son ami Paul.

Le chardonneret, comme s'il eût entendu cette observation peu charitable, s'abstint de toucher au sucre, et regarda son maître, d'un air qui cette fois signifiait :

— Me voici : de quoi s'agit-il ?

— Vous vous décidez, ce n'est pas malheureux... Regardez donc cette carte, et comptez le nombre de points qui s'y trouve.

— Il va parler, tu vas voir, dit Maurice.

L'oiseau n'alla pas jusque-là, mais il examina la carte, et, pour montrer qu'il savait bien que c'était un *sept de carreau*, il la retourna sept fois de suite avec son bec, au grand ébahissement de ceux qui le regardaient faire.

— Qu'il est gentil! répéta Marianna en battant des mains.

Son travail terminé, le chardonneret saisit le sucre avec rapidité, et se sauva dans sa cage, dont son maître referma la porte.

Maurice, qui avait pris le plus grand plaisir, nous pourrions dire le plus grand intérêt, aux exercices des oiseaux, suivait de l'œil tous les mouvements de leur maître.

— Il va les faire danser maintenant, disait-il à son ami Paul.

— Mais non, tu vois bien que c'est fini.

— Je te dis, moi, que l'homme cherche quelque chose, répliqua Maurice en s'animant.

— C'est sans doute son violon qu'il cherche, dit en riant madame Leroy qui écoutait la conversation des deux enfants.

— Oui, c'est son violon, répéta aussitôt Maurice.

L'oiseleur cherchait en effet quelque chose, c'était un petit plat de fer-blanc ; il ne l'eût pas plutôt trouvé, qu'il commença sa quête en le présentant à Maurice.

Le petit garçon, croyant qu'on lui faisait un cadeau, prit le plat et le fourra dans sa poche en disant :

— Merci, Monsieur.

Un rire général accueillit cette méprise.

Enfin Maurice, éclairé par son père, rendit le plat, où il déposa une belle pièce de quatre sous, toute neuve, qu'il avait en réserve. Il dit que c'était pour acheter beaucoup de sucre aux oiseaux qu'il trouvait très-savants.

Charlotte et Marianna donnèrent à leur tour pour leur acheter des biscuits.

Quant au petit Paul, il indiqua par un geste très-naïf qu'il était sans argent.

Monsieur Fournier donna pour lui.

Puis, comme il était six heures, et que la journée avait été laborieuse, on prit congé des oiseaux pour aller se mettre à table, résolution qui obtint l'approbation des enfants.

LES INVALIDES
ET
LES TUILERIES

CHAPITRE V

LES INVALIDES. — LA CUISINE DE L'OGRE ET LES CANONS *POUR DE VRAI.*

Ce jour-là, Maurice fut éveillé avant tout le monde. Si la fatigue de la veille lui avait permis de s'endormir, la promesse de lui faire visiter les *canons pour de vrai* lui avait si bien trotté par la tête tout en dormant, qu'à six heures du matin, il se trouva assis sur son lit, les yeux tout grands ouverts.

Après s'être un moment frotté les paupières pour s'éclaircir la vue, il prêta l'oreille, et, comme il n'entendait aucun bruit, aucun mouvement, il se demanda d'abord si l'on oubliait de préparer le déjeuner, et enfin si l'on était parti sans lui.

A cette dernière réflexion, il sauta de son lit plutôt qu'il n'en descendit, et s'en alla pieds nus du côté de l'alcôve où se trouvait le lit de son père.

Son père dormait très-paisiblement.

Maurice retourna donc se coucher en marchant fort légèrement dans la crainte de le réveiller.

Sa première résolution fut de se rendormir pour abréger le temps, mais il ne put en venir à bout. Il avait beau fermer les yeux, se coucher tantôt sur le dos, tantôt sur le côté, et même sur le ventre, ce qui est une mauvaise position, rien n'y faisait. De guerre lasse, il saisit son fusil et se mit à tirer sur les mouches, éveillées encore plus tôt que lui, seulement il faisait son pif! paf! tout bas.

Cette petite guerre l'amusa pendant une demi-heure sans nuire à son gibier, qui n'en continuait pas moins de bourdonner dans la chambre.

Mais tout lasse, et Maurice s'ingénia à trouver une autre distraction.

S'amuser sans faire de bruit n'est pas chose facile pour un enfant; Maurice crut cependant parvenir à ce résultat.

Trois journaux achetés la veille par son père étaient restés sur la table.

Il alla les prendre aussi doucement que possible, les mit en morceaux, et les transforma en une vingtaine de cornets qu'il se planta dans les cheveux, la bouche et les oreilles, et courut se regarder dans la glace, ce qui lui occasionna un fou rire qu'il contint de son mieux. Puis, pour ajouter au comique de son visage si singulièrement défiguré, il se fit à lui-même les plus vilaines grimaces qu'il put imaginer.

Quand il eut assez de ce jeu, il retira ses cornets qu'il éparpilla dans la chambre.

Il venait de lui surgir une nouvelle idée et il remonta prestement sur son lit pour la mettre à exécution.

Les pantins qu'il avait vus la veille lui étaient revenus subitement à la mémoire, et il se hâta de les imiter à sa façon. Il alla jusqu'à se dresser contre le mur les jambes en l'air, complétant ces exercices de saltimbanque par des culbutes très-originales. Par malheur, il en fit une avec si peu de mesure qu'elle l'envoya rouler sur la descente de son lit.

S'il ne se fit par hasard aucun mal, il ne put éviter de renverser une chaise, qui à son tour renversa un vase que nous nous abstiendrons de nommer, et que Maurice avait omis de remettre en place.

Tout ce fracas réveilla son père en sursaut.

— Mon Dieu ! que fais-tu là ? s'écria-t-il en venant à son secours.

Maurice, un peu étourdi de sa chute, ne répondit pas d'abord, il regardait autour de lui d'un air décontenancé.

Son père reprit :

— Comment es-tu tombé de ton lit ?... Rêvais-tu par hasard que Gringalet était à ta poursuite ?

— Oui, papa, dit Maurice, qui ne voulait pas avouer la vérité.

— Tu ne t'es fait aucun mal ?

— Non, papa, au contraire.

— Au contraire ? Alors tu t'es fait du bien ?

— Oui, papa, répondit Maurice, tellement penaud, désorienté, qu'il eût répondu oui aux questions les plus bouffonnes, les plus contradictoires.

— Ah ! mon Dieu ! s'écria tout à coup monsieur Fournier, quel est tout ce gâchis ? et il désignait du doigt les vingt cornets de papier que le petit garçon avait l'instant d'auparavant éparpillés sur le parquet.

Maurice regarda son père, et pour toute réponse regagna son lit et se fourra la tête dans son oreiller.

— Ah ! c'est toi qui as fait cette jolie besogne ? Mais alors tu es éveillé depuis longtemps ?

— Oui, papa, fit Maurice en se retournant ; je croyais qu'il était l'heure d'aller voir *les canons pour de vrai*.

— C'est-à-dire que tu as rêvé toute la nuit de la visite que nous devons faire aux Invalides ?

— Oui, papa, toute la nuit; j'ai entendu des canons qui faisaient *boum boum* très-fort.

— Et, une fois réveillé par ces boum boum très-forts, tu t'es mis à déchirer mes journaux pour te distraire et calmer ton impatience; puis tu t'es si follement démené sur ton lit que tu es tombé sur le parquet?

— Oui, papa, tout à fait.

— C'est très-bien, mon ami, seulement je te prie de ne plus déchirer mes journaux à l'avenir.

— Oui, papa, répondit Maurice, heureux d'en être quitte à si bon compte.

. . . .

Quelques heures après cette petite scène, nos quatre bambins se remettaient en marche pour visiter les canons qui tuent pour de vrai les ennemis, selon l'expression de Maurice.

Il faut dire que Charlotte et Marianna ne se promettaient qu'un très-mince plaisir de cette promenade quasi-militaire; mais comme il est bon de montrer parfois de la déférence pour les goûts de son prochain, elles s'étaient mises en route fort gaiement.

L'hôtel des Invalides est à une si petite distance de la place de la Madeleine que madame Leroy avait décidé qu'on s'y rendrait à pied, ce qui fit le plus grand plaisir aux enfants.

Monsieur Fournier avait pris Charlotte et Marianna par la main.

Madame Leroy s'était emparée de Maurice et du petit Paul.

Cette précaution était nécessaire pour leur faire traverser les abords du pont de la Concorde, où ils auraient couru cent fois le risque de se faire écraser.

Nos enfants, ainsi menés, trottaient à faire plaisir, et ils arrivèrent en moins de vingt minutes sur l'esplanade des

Invalides, devant la grille qui sert d'entrée officielle à ce vaste établissement.

Maurice eut un éblouissement en apercevant la belle rangée de canons braqués sur la place. Il s'arrêta net en les montrant au petit Paul qui fit pour toute réponse :

— Oh, oh!....

Puis il resta la bouche ouverte.

Jamais l'imagination de Maurice ne s'était représenté des canons de ce calibre, et ils devaient, se disait-il, faire des boum boum bien autrement forts que ceux qu'il avait entendus dans son rêve.

— Oh! papa, s'écria-t-il enfin, regarde donc!

— Ce sont les canons que tu voulais voir, les canons qui tuent pour de vrai.

— Est-ce que je ne pourrais pas les toucher? demanda timidement Maurice.

— Si, mon cher ami, à moins qu'ils ne soient trop chauds... Nous n'avons qu'à entrer par cette grille.

— On ne nous dira rien? fit Maurice, qui ne pouvait croire à tant de bonheur.

— Absolument rien, mon ami, surtout si vous avez soin tous les deux de saluer le vieux soldat qui est à la porte.

— Nous le saluerons très-bien, tu verras, papa, dit Maurice.

Et les deux enfants se mirent à courir en avant. Arrivés devant la grille, ils ôtèrent leur chapeau à l'invalide qui, charmé de leur politesse, y répondit par le salut militaire auquel il joignit un gracieux sourire.

Indépendamment des canons rangés en ligne derrière le fossé qui borde le jardin de l'hôtel, du côté de la façade, on trouve, à gauche, de l'entrée un bon nombre de pièces hors de service, sans affûts, et qui reposent sur le sol.

Maurice et Paul eurent à peine fait quelques pas dans le jardin que leurs yeux se portèrent sur cette ancienne artillerie.

Ces canons sont beaucoup plus gros que ceux qu'on aperçoit de l'esplanade. Nos deux petits amis s'arrêtèrent pour les considérer avec un redoublement d'extase.

Charlotte et Marianna les regardaient aussi, mais il était facile de voir qu'elles eussent préféré un mètre de ruban à ces beaux fûts de bronze.

Maurice et Paul ne faisaient pas un mouvement; leurs yeux et leurs bouches restaient démesurément ouverts.

Madame Leroy et son frère considéraient les enfants en souriant :

Tout à coup Maurice tira un petit canon de sa poche (c'était son canon de voyage) et il le posa sur un des gros canons.

Cela produisit l'effet d'une fourmi sur un tronc d'arbre.

La comparaison qu'il en fit mentalement donna à son visage une expression si comique que monsieur Fournier et madame Leroy partirent d'un éclat de rire.

Maurice, un peu humilié, remit le canon dans sa poche, et, suivi du petit Paul, commença à tourner autour des pièces en continuant de les regarder avec la plus grande attention. Il examina les culasses, les lumières, et fourra son bras tout entier dans les différentes bouches. Aidé de son ami Paul, il eut même l'intention de soulever les pièces afin de se rendre un compte bien exact de leur pesanteur. Inutile de mentionner que cette tentative ne réussit qu'à égayer un vieil invalide qui les regardait appuyé sur sa béquille, et qui s'écria tout à coup avec un gros rire :

— Ah mais! ah mais! camarades, vous savez qu'il est défendu de les emporter.

— Oh! oui, Monsieur, dit Maurice.

— A la bonne heure! fit l'invalide.

— Et ceux-là, Monsieur? reprit Maurice en désignant les canons dont nous avons déjà parlé.

— Ceux-là?.. on ne peut pas les emporter davantage, bien

qu'ils soient montés sur leurs affûts, et moins lourds que les autres, répondit l'invalide.

— Ah! ils sont moins lourds... fit Maurice.

— Certainement, ce qui ne les empêche pas de faire un beau tapage les jours de fête... Allez, mes petits amis, les voir de tout près... c'est permis.

Maurice et Paul ne se firent pas prier, et peu s'en fallut, pour les mieux examiner, qu'ils ne grimpassent dessus en s'aidant des affûts de fonte qui sont à jour.

Ils en passèrent une revue complète, puis se rapprochèrent de l'invalide qui donnait quelques explications à monsieur Fournier et à madame Leroy sur les curiosités de l'hôtel.

Maurice et Paul se concertaient à voix basse depuis quelques minutes, et il était aisé de voir qu'ils avaient une idée en tête.

— Eh bien, mes enfants, avez-vous suffisamment regardé les grands canons?

— Oui, papa, dit Maurice.

— Alors, vous êtes contents?

Maurice et Paul ne répondirent pas, mais ils se rapprochèrent de monsieur Fournier en baissant les yeux :

— Dis donc, papa, balbutia Maurice, est-ce qu'on ne pourrait pas...

— Quoi donc? mon enfant.....

— Tirer un peu le gros canon qui est là?...

— Un peu, rien qu'un peu? dit monsieur Fournier en riant.

— Oui, papa.

— Rien que deux ou trois coups, n'est-ce pas?

— Oui, papa... seulement pour entendre... le grand bruit que ça fait.

— Dame, mes enfants, il faut demander cela à monsieur... dit monsieur Fournier en désignant l'invalide.

Maurice alla lui présenter sa requête.

— C'est grave, ça, mon ami, répondit le vieux militaire en comprimant un fou rire.

— Oh! rien qu'un tout *petit peu*, reprit Maurice d'un air suppliant.

— C'est égal, il n'en faudrait pas moins la permission du Gouverneur...

— Ah! fit Maurice.

— Il l'accorderait bien volontiers, sans doute: malheureusement il est sorti pour toute la journée.

— Ah! répéta Maurice d'un air désappointé.

— C'est comme ça... fit l'invalide.

— Et si on demandait à sa femme? reprit Maurice.

— Au fait, l'idée est bonne... répliqua l'invalide avec un très-grand sérieux... seulement sa femme est à la campagne avec sa petite fille et sa nourrice.

Maurice et Paul baissèrent le nez.

— Tu le vois, mon cher enfant, il faut te résigner; ce sera pour une autre fois... Nous allons, en attendant, visiter la cuisine de l'ogre.

— La cuisine de l'ogre! s'écrièrent les enfants avec surprise.

— C'est une très-belle cuisine, dit l'invalide en clignant de l'œil d'un air d'intelligence.

Ce mot d'ogre sonnait mal aux oreilles de Maurice et de Paul, car l'histoire du petit Poucet leur était revenue immédiatement à la mémoire.

— Je ne veux pas voir l'ogre, il est trop méchant, répondit résolument Maurice.

— Moi non plus... je ne veux pas le voir, ajouta Paul.

Charlotte et Marianna sourirent d'un air capable.

— Après cela, il n'est peut-être pas chez lui, dit madame Leroy en s'adressant à l'invalide.

— Pour ça non, Madame, il est en route depuis trois jours

afin d'aller manger des petits Prussiens; on lui a dit qu'ils étaient plus tendres que les petits Français, et il a voulu éclaircir le fait sans attendre une minute de plus.

— Et vous êtes certain qu'il ne reviendra pas d'aujourd'hui, Monsieur? demanda madame Leroy.

— Pas avant l'heure du dîner, Madame, répondit l'invalide.

— Vous voyez, mes enfants, qu'il n'y a pas le moindre danger quant à présent; allons donc voir sa belle cuisine... C'est là-bas, au fond, à gauche; n'est-ce pas, Monsieur?

— Oui, Madame.

— Merci, Monsieur.

— Venez, mes enfants, reprit monsieur Fournier en entraînant Maurice et Paul qui n'étaient qu'à moitié rassurés.

— Est-ce que ce sont des enfants qu'on fait cuire dans la cuisine de l'ogre? demanda Maurice en se faisant un peu traîner.

— Non, mon petit ami, l'ogre a l'habitude de les manger tout crus... et encore, de mémoire d'homme, n'a-t-il jamais osé manger les enfants qui étaient avec leur père.

— Ça, c'est vrai, ajouta Marianna.

Maurice et Paul, rassurés par ces paroles, allèrent en gambadant jusqu'à la célèbre cuisine des Invalides.

On ne parle pas impunément d'un lieu semblable à de petits gourmands, et leurs craintes au sujet de l'ogre une fois dissipées, ils ne songèrent plus qu'aux excellentes choses qu'ils allaient voir, et dont l'odeur venait subitement de leur monter au nez, car ils n'étaient plus qu'à quelques pas de la vaste cuisine dont la porte était ouverte à deux battants.

Un invalide était là de planton, évidemment pour empêcher les malfaiteurs de venir se tremper une soupe aux dépens de l'ogre.

Maurice et Paul eurent bien soin de saluer le vieux soldat, et immédiatement ils tendirent le cou pour mieux voir dans l'intérieur.

— Entrez! entrez! dit l'invalide.

Monsieur Fournier et sa sœur poussèrent les enfants devant eux.

Maurice et Paul avancèrent en se donnant la main.

Charlotte, qui savait qu'on peut se faire des taches dans une cuisine, serra ses jupes autour d'elle, et Marianna suivit ce bon exemple.

La cuisine des Invalides se divise en quatre grands compartiments :

Le premier sert à préparer les aliments des simples soldats ;

Le second à dépecer les viandes ;

Le troisième à préparer le repas des officiers ;

Le quatrième au lavage de la vaisselle.

Les cheminées, les fourneaux, les broches, les marmites, les casseroles, les grils, la cafetière, ont des proportions folles qui frappent l'imagination.

Il semble qu'on ait mis le pied dans le royaume de Gargantua.

Maurice et Paul en restèrent stupéfaits. Ils avaient devant eux deux immenses marmites remplies de potage au riz, et que deux aides de cuisine remuaient avec des pelles de bois qui ont la hauteur d'un homme.

— Regarde donc, papa, s'écria Maurice.

Monsieur Fournier prit les deux petits garçons sur ses bras, afin que leurs yeux pussent plonger dans la vaste marmite.

— Oh, oh! y en a-t-il! dit le petit Paul.

En même temps Maurice, se tournant vers un des aides qui continuait bravement sa manœuvre, lui dit :

— Est-ce que l'ogre mange tout ça, Monsieur?

— *L'ocre? il manche dut, dut à fait dut, et il s'en liche*

engore les papines, mon bedit ami, répondit l'aide qui était un Alsacien.

— Le gourmand ! s'écria Maurice.

Son père le remit à terre ainsi que le petit Paul.

Tous deux s'élancèrent aussitôt vers une montagne de salades qui se trouvait à peu de distance dans un coin.

— Oh, oh ! que de salades ! il y en a plus de cent mille ! s'écria Maurice. Est-ce que l'ogre va aussi manger tout ça ?

— *Ui!* répondit l'Alsacien, qui, laissant enfin son potage cuire tranquillement, avait rejoint les enfants.

— Oh, oh !

— *Ce n'être bas dut engore*, reprit l'aide, *fenez foir bar izi.*

Et il conduisit les visiteurs devant un bœuf partagé en quatre morceaux.

— *Il fa engore mancher dut ça...* dit-il.

— Tout ça ! répétèrent Maurice et Paul en se regardant.

— Et il n'y en a là que pour sa dent creuse, mes petits enfants, dit madame Leroy.

— *Ui, Matame, z'êdre frai, bur sa tent greuse, et ces bedits messieurs font foir le resde... Fenez, fenez bar izi..*, reprit l'Alsacien devenu très-jovial.

Et il entraîna les enfants dans le compartiment où s'apprêtait le repas des officiers.

Il y avait là au moins cinquante poulets à la broche, et tout auprès, sur un gril d'un mètre et demi carré, un nombre prodigieux de côtelettes de mouton.

Tout cela cuisait en exhalant une délicieuse odeur.

— Oh ! oh ! oh ! ne cessaient de répéter Maurice et le petit Paul.

— *Eh pien, l'ocre fa engore mancher dut za..*, reprit l'Alsacien.

— Tout ça ! tout ça !

— *Et buis engore drois cents bichons qui guisent tans zette bedite gasserole.*

La casserole était grande comme un baquet.

— Trois cents pigeons ! s'écria Marianna qui, très-occupée de voir, n'avait pas encore dit une parole.

— *Dut audant, dut audant.*

— Oh ben ! oh ben ! oh ben ! répétèrent Maurice et Paul.

— *On beut les gompder, il n'en mangue bas un.., recartez bludôt.*

L'Alsacien souleva les deux petits garçons pour qu'ils pussent vérifier son assertion.

On pense bien que Maurice et Paul qui auraient pu, à la rigueur, compter jusqu'à dix, mais pas au delà, ne s'amusèrent point à contrôler les dires de l'aide de cuisine, ils se contentèrent de pousser de nouveaux cris d'étonnement en disant :

— Encore tout ça!

— *Ui! bar exemble il manche dut za avec un donneau te mudarte et une crante bièce de fin, pur faire tichérer.*

Des sanglots répondirent tout à coup aux gaietés de l'Alsacien.

— Qu'y a-t-il? s'écria vivement madame Leroy en se précipitant vers sa nièce.

La pauvre Marianna s'était avancée pour jeter un coup d'œil dans l'immense casserole, et la vue d'un si grand nombre de petites bêtes qui cuisaient là piteusement, lui avait arraché un torrent de larmes.

— Je pense, ma tante, à tous ces pauvres pigeons qu'on a tués.., des petites bêtes si gentilles.

L'Alsacien, qui s'était retourné avec surprise, poussa un gros éclat de rire après avoir entendu cette lamentation, et dit :

— *Ah pien, ah pien ! Matémoselle, faut pas blurer bur ça : les bichons, z'être faits bur être manchés, comme les bulets, les tintons, les ganards, les pefs, les feaux et les mutons. Eh! pon Tieu! té guoi qu'on fifrait si on ne les manchait bas?*

— Eh ! Monsieur ! on vivrait de pain et de confitures, répliqua Marianna en le regardant avec un peu d'indignation.

— *Et te la salate afec... et l'on poirait un ferre t'eau bar tessus.. c'est afec za g'uon tefientrait cras.*

— *Cras ! cras !* on n'a pas besoin d'être *cras !* Monsieur...

— Eh bien, eh bien ! Marianna, il me semble que tu t'oublies, lui dit son père en comprimant un sourire.

L'Alsacien, qui s'amusait extrêmement des réflexions et de la colère de Marianna, continua de piloter Maurice et Paul qu'il arrêta devant un véritable monument de cuivre rouge, de deux mètres de hauteur, pour le moins, et auquel sont adaptés plusieurs petits tuyaux.

— *Ça*, dit l'Alsacien ; *c'être bur faire le gafé te l'ocre*, *abrès tîner*.

— Il en boit plein ça ! demanda Maurice de plus en plus étonné.

— *Dut blein !*

— Et papa qui n'a jamais voulu m'en laisser boire une demi-tasse, dit Maurice, il prétend que ça me donnerait la colique... Mais c'est l'ogre qui doit en avoir une fameuse colique, quand il a bu et mangé tout ça..... dit Maurice en hochant la tête d'un air sérieux.

— Ah oui, une fière colique, et ça doit joliment le faire aller, ajouta le petit Paul.

— *Ah ! tame ! il fa dant gu'il feut*, *berzonne n'a rien à lui tire*, fit l'Alsacien en riant de plus belle.

La cuisine n'offrant plus rien d'intéressant à voir, on en sortit. Maurice et Paul passèrent devant, faisant force révérences aux cuisiniers, aux marmitons, et enfin à l'invalide qui était toujours de planton à la porte.

— C'est égal, disait Paul, il faut que ça soit joliment gourmand, un ogre, pour manger tant de choses tous les jours à son dîner.

Maurice et Paul, très-occupés de l'étrange cuisine de l'ogre, avaient oublié les gros canons.

Cependant ils ne purent les revoir en passant sans leur faire de nouvelles amitiés, sans déplorer que l'absence du gouverneur les empêchât d'entendre les fiers boum boum qu'ils devaient faire quand on les tirait.

On leur fit espérer de nouveau qu'ils seraient plus heureux une autre fois.

LE JARDIN DES TUILERIES.

On avait encore trois bonnes heures à dépenser et l'on se rendit au jardin des Tuileries, le lieu par excellence des divertissements enfantins. Il y a bien encore les jardins du Luxembourg et du Palais-Royal, le parc Monceaux, les squares, etc., mais nulle part on ne trouve un espace aussi bien aménagé, aussi bien entouré, un aussi beau couvert, une aussi belle distribution de soleil et d'ombre, et où les enfants puissent s'ébattre avec plus de sécurité.

Nos petits promeneurs avaient repris leur rang et continuaient de tricoter des jambes sans trahir la moindre fatigue.

Moins d'un quart d'heure après, ils pénétraient dans les Tuileries par la grande grille de la place de la Concorde, la plus belle entrée de ce jardin.

Maurice et Paul, convaincus qu'il était bon de saluer partout les sentinelles, s'inclinèrent devant celles qui gardaient la porte.

— Papa! papa!.. regarde donc tout ce monde, s'écria

le petit Maurice en désignant du doigt un certain nombre de personnes réunies au bord du grand bassin qui fait face à la porte d'entrée.

— Nous verrons tout à l'heure ce que c'est, mes enfants; inutile de vous mettre en nage pour arriver quelques minutes plus tôt.

Mais Maurice était déjà parti, entraînant le petit Paul.

A peine arrivés au bord du bassin, on les vit qui levaient les bras en signe d'étonnement et d'admiration.

Il y avait là, en effet, un bateau à peine long de trente centimètres, et qui marchait par la vapeur.

Il semblait conduit par un beau monsieur en carton, ramant comme une personne naturelle, afin de promener une dame, également en carton, qui se tenait assise avec beaucoup de dignité.

Cette embarcation tirait des bordées continuelles, et ne s'arrêtait que pour renouveler son combustible qui n'était autre chose que de l'esprit-de-vin.

On y voyait encore de petits navires à voiles très-pimpants, vivant en très-bonne intelligence avec les vapeurs. Ils s'accrochaient bien un peu en passant, mais il était facile de voir que la méchanceté était étrangère à ces accidents qui ne les empêchaient jamais de continuer leur chemin au milieu des rires et des applaudissements des spectateurs.

Deux cygnes, blancs comme neige, nageaient à peu de distance sans s'intéresser le moins du monde à ce spectacle nautique, jusqu'au moment où l'un des petits bateaux à voiles, poussé par un coup de vent, vint à passer entre eux.

Les deux cygnes, visiblement étonnés de cette audace, parurent se consulter du regard avant de prendre un parti, puis, comme ces animaux se distinguent par un assez mauvais naturel, ils tombèrent à grands coups de bec sur le bateau, qui résista assez bien à cette attaque, et qui, servi par le vent, poursuivit sa route.

Tout le monde battit des mains et se moqua des cygnes.

Ceux-ci, pleins de colère, se mirent à la poursuite du bateau.

Le malheureux comprit le danger et cingla vers le bord, mais, hélas ! il avait de trop petites jambes pour échapper à la rapidité de ses ennemis.

Maurice et Paul piétinaient d'impatience en criant aux cygnes :

— Voulez-vous bien finir, vilains !

Leurs cris ne servant à rien, Maurice pensa que le moment était venu de faire un acte de vigueur, et, saisissant son fusil, il fit une douzaine de pif ! paf ! à l'intention des cygnes.

Ceux-ci en avaient entendu bien d'autres, et cette belle décharge ne leur fit pas plus d'effet qu'une bulle de savon qui aurait crevé sur leurs têtes.

Les méchants animaux avaient continué leur chasse et le pauvre petit navire était là, couché sur le flanc, ayant l'air de demander grâce.

La situation devenait critique.

Les bambins réunis sur le bord poussaient des cris de détresse.. Quelques-uns seulement, de mauvais cœurs, s'amusaient beaucoup à suivre les mouvements convulsifs du navire en perdition.....

Un moment encore et il était englouti.

Tout à coup, au milieu de l'anxiété générale, un cri retentit.

Il était poussé par le maître du bâtiment menacé de destruction, et qui du bord assistait à son agonie.

Ce jeune capitaine avait bien huit ans. Sa mine était aussi résolue que joufflue... Il tira son sabre, et d'un seul élan, avant qu'on eût pu le retenir, se précipita dans le bassin pour voler au secours de son cher navire.

Il arriva en quelques enjambées sur le lieu du combat, saisit son bateau de la main gauche, et de la droite fit un si beau moulinet avec son sabre que les cygnes, plutôt surpris qu'épouvantés, car ils sont courageux, battirent vivement en retraite.

La foule des spectateurs récompensa cette action, aussi hardie qu'heureuse, par des applaudissements frénétiques.

Revenu au bord du bassin, ce fut à qui lui donnerait la main pour l'aider à en sortir.

Cette petite expédition s'était accomplie si rapidement, que les gardiens des Tuileries ne s'en étaient pas aperçus, et n'avaient pu en conséquence y mettre obstacle, car, ainsi qu'on peut le penser, il est absolument interdit d'entrer dans les bassins.

Le héros de l'aventure, mouillé jusqu'à mi-corps, fut cependant grondé par sa mère, qui l'emmena un peu à l'écart, lui et son bâtiment, pour les sécher tous deux au soleil.

Maurice et Paul les suivirent de l'œil, ils auraient bien voulu les accompagner pour voir de près le bateau qui avait subi un si grand assaut; mais madame Leroy les entraîna sous les arbres, où les enfants jouent le plus ordinairement, c'est-à-dire dans l'espace compris entre la terrasse de la rue Rivoli, et la grande avenue qui fait face au château.

Cette partie du jardin, où l'enfance est plus particulièrement chez elle, offre dans les beaux jours la plus charmante réunion de petits garçons et de petites filles. Tous viennent y respirer le grand air. Les appartements parisiens, les plus beaux, sont comme autant de prisons d'où ils semblent s'échapper avec un plaisir infini.

Pour beaucoup d'entre eux, le jardin des Tuileries les prépare à la grande liberté de la campagne; pour un certain nombre il la remplace.

Les uns y viennent amenés par leurs mères, les autres y sont conduits par leurs gouvernantes ou leurs bonnes... Enfin les derniers s'y présentent dans les bras de leur nourrice.

Ce petit monde s'établit là comme chez lui. Il y rencontre ses amis, ses préférés, car on ne joue pas avec le premier venu aux Tuileries.

Les arbres deux fois centenaires qui abritent ces enfants sont à eux, et il y en a au pied desquels ils s'installent habituellement, et dont ils diraient volontiers :

— Celui-là, c'est notre arbre.

Arrivés là, ils ne perdent pas une minute. Après avoir jeté un regard rapide autour d'eux et rassemblé leurs camarades ordinaires, les petites filles sautent à la corde ou forment des rondes ; les petits garçons jouent plus particulièrement au ballon, à la balle, au cerceau, à courir, et beaucoup à se bousculer, ce qui est un très-grand divertissement, paraît-il.

Les *petits petits* des deux sexes, ceux qui n'ont pas encore les jambes assez longues, ni l'équilibre nécessaire pour se livrer à tous ces exercices ; ceux enfin qui seraient renversés à tout moment comme des capucins de cartes, au milieu de l'incessant mouvement de leurs aînés, font de petits pâtés de terre, des amas de sables, roulent de légères brouettes où se dorlote quelquefois une poupée malade à laquelle le médecin a recommandé de faire une promenade en voiture, chose très-salutaire pour la santé.

Maurice et Marianna restèrent ébahis en se trouvant tout à coup au milieu de ces groupes animés.

Jamais ils n'avaient vu une si grande réunion d'enfants ; il leur semblait qu'ils venaient d'entrer dans un pays exceptionnel.

Charlotte, qui s'amusait fort de leur étonnement, dit en riant :

— N'est-ce pas que c'est gentil, le jardin des Tuileries ?

— C'est charmant, répondit Marianna, très-occupée de la toilette des petites filles.

— Faut jouer comme les autres! dit Maurice, qui ne pouvait rester un instant en repos.

— Tu as raison, mon gros, il faut jouer... et ferme... répondit en riant madame Leroy.

— Mais, c'est que je n'ai pas de ballon, moi, fit observer Maurice, en admirant deux petits garçons qui s'envoyaient alternativement un gros ballon au visage, riant chaque fois comme des fous.

— Patience, beau neveu, nous allons en trouver un.

On eut à peine aperçu Charlotte et le petit Paul (deux habitués des Tuileries), que trois petites filles accoururent au-devant d'eux :

— Bonjour, Charlotte! bonjour, Paul!

— Bonjour, Amélie! bonjour, Camille! bonjour, Marguerite, répondit Charlotte en les embrassant.

— Mesdemoiselles, je vous présente ma cousine Marianna et mon cousin Maurice, dont je vous ai parlé, dit Charlotte avec le plus grand sérieux.

Les petites filles se saluèrent cérémonieusement.

— Eh bien, nous allons jouer ensemble, répondit Amélie d'un air gracieux.

— Avec plaisir, Mademoiselle, répliqua Marianna, faisant à son tour une très-belle révérence.

Maurice ne salua pas, mais il leva la jambe droite, et fit voler son chapeau en l'air, pour exprimer sa satisfaction; c'était plus cavalier... Par malheur, il perdit l'équilibre en voulant rattraper son chapeau, et tomba sur le derrière.

Les petites filles rirent comme des folles de sa mésaventure.

Mais Maurice n'était pas susceptible, et il se releva en faisant force gambades. Ces gambades attirèrent les deux petits joueurs de ballons, qui étaient les frères de l'une de ces demoiselles, et ce fut une occasion pour Maurice de faire leur connaissance.

Cinq minutes ne s'étaient pas écoulées, qu'une partie de ballon était organisée entre les petits garçons, et que les petites filles sautaient ensemble à la corde, jeu qu'elles abandonnèrent bientôt pour danser en rond, puis pour jouer à : *Je suis dans ton champ, larira !*

Maurice et ses nouveaux amis ne trouvaient rien de plus amusant que le ballon qui ricochait d'une tête à l'autre, car ils avaient fini par en bombarder les petites filles dont ils interrompaient le jeu. Ce même ballon ne se faisait pas non plus faute de s'égarer sur les promeneurs qui passaient à sa portée, et de rebondir d'une épaule sur un nez, et enfin de ce nez sur la bouche d'un monsieur, qui bâillait d'aise devant ce gai spectacle.

Tout le monde riait, même les petites filles, dont plusieurs avaient été décoiffées par ce jeu, et le divertissement eût duré jusqu'au soir, sans le départ forcé d'Amélie et de ses frères qui, ce jour-là, dînaient en ville, et devaient, conséquemment, rentrer chez eux pour faire une toilette de circonstance.

Force fut donc de se séparer.

Madame Leroy conduisit alors les enfants du côté du second bassin, situé à quelques mètres seulement du jardin réservé.

Un homme très-grand, très-maigre, avec des pieds énormes, se trouvait au bord de ce bassin.

Son corps était serré dans une longue redingote de drap râpé... Il portait de la main droite un grand sac de paille tressée pendu au bout d'une ficelle, et bourré, jusqu'à son ouverture, de petits morceaux de pain.

Ce personnage était passablement original. Les enfants, devinant qu'il ne se trouvait pas là sans motif, s'étaient approchés de lui, et, la tête renversée, le regardaient absolument comme on regarde un mât de cocagne dont il avait un peu la tournure, sinon la hauteur.

Tiens ! qu'est-ce qu'il fait le grand monsieur (p. 125) ?

Cet homme, heureux sans doute d'avoir des témoins du spectacle qu'il allait se donner à lui-même, tira alors de son sac une poignée de petits morceaux de pain qu'il lança sur un point du bassin, puis en attendit l'effet avec un grand calme.

— Tiens! qu'est-ce qu'il fait le grand monsieur? dit Maurice, qui n'avait sous les yeux que de l'eau claire.

— Attends... tu vas voir, lui dit Charlotte.

Presque aussitôt, trois petits poissons rouges se montrèrent à fleur d'eau... puis trois autres... puis ils vinrent par douzaines... il y en eut bientôt plus de cent... Ils n'apparaissaient que pour se jeter sur les morceaux de pain, les saisir, et ensuite s'éloigner afin de dévorer tranquillement leur proie.

On les voyait bientôt revenir à la picorée, se poussant, s'escaladant les uns les autres sans le moindre ménagement, comme un groupe d'enfants montant à l'assaut d'un buffet garni de friandises.

Le grand homme sec favorisait cette lutte en ne cessant de vider son sac au profit des petits poissons.

Il semblait même les encourager, en leur souriant d'un air tranquille.

Maurice et Paul s'amusaient follement.

Maurice s'écriait :

— Oh, oh ! ils sont aussi gourmands que les canards du bois de Boulogne !

— Sont-ils vifs ! disait Charlottte.

— Dis donc, papa, pourquoi donc les a-t-on peints en rouge, les petits poissons?... demanda Maurice.

— C'est afin qu'ils soient plus agréables à voir, mon cher enfant.

— Ah ! c'est pour ça... on a très-bien fait. Car ils sont bien mieux habillés de cette manière.

— Tiens!... voilà un poisson qui a mordu la queue de son camarade... fit tout à coup le petit Paul.

— Veux-tu bien te taire, lui dit Charlotte.

— Mais si... mais si... je l'ai bien vu, reprit l'enfant.

— Oh! s'écria Maurice, en voilà deux qui veulent manger le même morceau de pain; sont-ils drôles!

— Et celui-là, ajouta Paul, qui est moitié rouge et moitié blanc.

— C'est qu'il a été mal peint, dit Marianna en riant.

— Ou bien qu'il se sera fait des taches, fit le petit Paul d'un air capable.

Le grand homme sec finissait de vider son sac, ce qui surexcitait au plus haut point la gloutonnerie des poissons. Ils rivalisaient de coups de tête et de coups de queue pour attraper une plus grande part de ses libéralités.

C'était une véritable curée.

— Sont-ils mal élevés! de manger comme ça... disait Marianna.

— Tu voudrais peut-être qu'ils missent des serviettes? dit madame Leroy.

— Non, ma tante; mais ils devraient venir bien gentiment, chacun à leur tour.

— Et faire une révérence au morceau de pain, avant de l'avaler... dit monsieur Fournier.

— Ah! papa, tu te moques de moi.

Le grand homme sec riait silencieusement dans sa barbe... La voracité des poissons lui causait une joie extrême. Il les suivait de l'œil, les encourageait par des gestes familiers... On eût dit qu'il les connaissait tous, et qu'il eût pu au besoin les appeler par leurs noms.

Enfin le dernier morceau de pain disparut, et avec lui toute la bande des poissons rouges.

Le grand homme sec disparut à son tour, emportant son

sac vide, et souriant comme un homme complétement heureux.

Mais le jardin des Tuileries a bien d'autres familiers que les cygnes et les poissons rouges, il possède encore un nombre considérable de pigeons et de moineaux.

Tous ces oiseaux envahissent les arbres, les arbustes, les gazons ; on les rencontre même sous les pieds des promeneurs, tant leur sécurité est grande, tant ils se trouvent là chez eux, tant ils ont l'habitude d'y être choyés, caressés par tout le monde.

Ces gros et ces petits oiseaux sont les êtres les plus heureux de la grande ville, les seuls qui n'aient point à s'occuper de leur logis, ni du renchérissement des denrées... Ils y jouissent du privilége exclusif de faire les choses les plus laides sur la tête des passants ; privilége dont ils abusent du matin jusqu'au soir, au grand dommage des plus jolis chapeaux, des plus délicieuses toilettes. Ce reproche est d'ailleurs le seul qu'on ait à leur adresser.

Il y avait en ce moment, tout près du bassin, une gracieuse réunion de ces oiseaux mal appris.

Pigeons et moineaux faisaient ménage ensemble, ou plutôt paraissaient là réunis en famille, et comme dans l'attente d'un événement prévu.

Nos promeneurs venaient de s'arrêter à quelques pas d'eux pour les admirer.

Les oiseaux ne les eurent pas plutôt aperçus, qu'ils se mirent à sautiller avec une grande animation, dans le but évident de leur souhaiter la bienvenue.

— On croirait qu'ils nous disent bonjour, fit observer Marianna.

— Oui, oui, ils nous disent bonjour, j'en suis certain, ajouta Maurice.

— Ce n'est pas étonnant puisqu'ils nous connaissent, répondit Charlotte en souriant.

— Ils te connaissent? s'écria Marianna avec étonnement.

— Oui, moi, maman et Paul, et mieux encore, ce sont nos amis... tu vas voir.

Charlotte, qui avait bien certainement préparé cette scène, tira du pain de sa poche, en fit de petites boules, et les jeta sur le gazon qui couvrait le talus.

Pigeons et moineaux ne firent qu'un bond.

Marianna ouvrait de grands yeux ébahis.

— Regardez donc! regardez donc! on dirait de petites poules, s'écria la fillette qui avait une grande tendresse pour les oiseaux, et principalement pour les pigeons.

— Vous allez maintenant voir bien autre chose, reprit Charlotte en s'abstenant pendant une minute de rien donner aux oiseaux qui sautillaient d'impatience.

Enfin, au lieu de jeter simplement ses petites boules de pain sur le gazon, elle les lança en l'air, et le plus haut qu'elle put.

Les moineaux suivirent son mouvement avec une telle précision que pas une miette de pain ne retomba à terre, elles furent toutes gobées au passage, au grand déplaisir des pigeons, qui, ne pouvant lutter de rapidité avec leurs petits compagnons, allaient et venaient d'un air très-mécontent.

Ce jeu dura pendant quelques minutes, et rien n'était plus amusant que de voir ces oiseaux former en volant des espèces de quadrilles où ils se croisaient incessamment pour satisfaire leur appétit ou leur gourmandise, deux choses qui se tiennent aussi bien chez les oiseaux que chez les enfants.

— Et les pauvres pigeons, tu les oublies, dit Marianna.

— Du tout! ils vont avoir leur tour... d'ailleurs ils sont gras à lard, répondit Charlotte.

— Moi, j'aime mieux les moineaux, dit Maurice, ils volent bien mieux... les pigeons sont là qui vont *piane piane* comme les canards de la Martinière.

— Tu vas voir tout à l'heure comme ils sont gentils, dit Charlotte avec un mouvement de tête significatif.

— Qu'est-ce qu'ils vont donc faire? demanda Maurice passablement intrigué.

— Attends...

Et Charlotte, qui était une fillette très-gracieuse, fit un geste charmant qu'elle adressa spécialement aux pigeons, après avoir prié ses petits amis de se reculer un peu.

Les pigeons prirent d'abord un air fâché et se tournèrent de profil. Charlotte répéta son geste en l'accompagnant d'un sourire de plus en plus engageant.

Les pigeons n'ont pas l'habitude de bouder longtemps contre leur ventre, et l'un d'eux prit tout à coup son vol pour venir se percher sur le doigt de la petite fille.

— Ah, ah! vous voilà, vilain méchant! dit Charlotte... Et, plaçant un petit morceau de pain entre ses lèvres, elle regarda fixement le boudeur.

Le pigeon s'approcha alors, tendit le cou... et prit le morceau de pain avec infiniment d'adresse.

Maurice et Marianna étaient dans le ravissement.

Charlotte plaça un second morceau de pain entre ses lèvres où le pigeon vint le prendre avec la même délicatesse. La petite fille baisa l'oiseau fort tendrement, et le renvoya pour en appeler un autre qui fut traité de la même manière, et ainsi de suite, jusqu'à ce que tous y eussent passé.

On prit alors congé des oiseaux pour se rendre au concert donné sous les arbres par la musique militaire, et dont les premières notes retentissaient en ce moment à la grande surprise de Maurice et de Marianna.

Mais la musique, quoique fort belle, ne put les retenir; nos petits promeneurs étaient trop las, et surtout ils commençaient à avoir trop faim, pour y prendre longtemps plaisir.

Maurice, qui cherchait un moyen de hâter le départ, dit tout à coup à madame Leroy :

— Dis donc, tante, est-ce que tu n'es pas fatiguée, toi ?

— Pas le moins du monde, mon neveu.

— Ah !... par exemple, tu as faim ?.. reprit Maurice d'un air insinuant.

— Fi donc ! avoir faim quand on entend une si belle musique ; ce serait impardonnable.

Maurice ne savait plus comment tourner la difficulté.

Madame Leroy, qui s'amusait beaucoup de son embarras, vint à son secours :

— Est-ce que par hasard tu n'aimerais pas la musique, mon cher Maurice ?

— Si, tante, mais.....

— Mais ?...

— C'est que je l'aime... après dîner, répondit Maurice.

— Partons !.. s'écria madame Leroy, et, étouffant une forte envie de rire, elle entraîna tout son monde du côté de la rue de Rivoli.

LE
JARDIN
DES PLANTES
LE
LUXEMBOURG

CHAPITRE VI

LE JARDIN DES PLANTES.

Voir des lions, des tigres, des ours et des loups autrement qu'en images, enflammait l'imagination de Maurice; aussi avait-il grande hâte d'arriver au Jardin des Plantes qu'on était convenu, depuis la veille, de visiter en détail.

Paul s'était écrié à l'annonce de cette nouvelle promenade :

— Le Jardin des Plantes ! c'est mon jardin à moi.., *c'est mes bêtes, et c'est moi que je veux les montrer à Maurice.*

— Est-ce qu'il y en a beaucoup, de bêtes? demanda son petit compagnon.

— Il y en a plus de *mille-mille* : il y a d'abord les *pas de pattes*, les *deux pattes*.., et puis les *quatre pattes*.

Paul repoussait toute autre classification.

Les serpents et les poissons étaient rangés dans les *pas de pattes*.

Les oiseaux, dans les *deux pattes*.

Tous les autres animaux, indistinctement, dans les *quatre pattes*.

On avait suivi l'interminable ligne qui va de la Madeleine

à la Bastille, pour offrir aux enfants l'attrayant spectacle des boulevards, et Maurice déplorait que le Jardin des Plantes se trouvât au bout du monde.

On aurait dû le placer, disait-il, au milieu des Tuileries, c'eût été plus commode pour les enfants.

— Hue donc! criait-il sans cesse aux chevaux.

Ce fut bien en vain qu'on essaya d'arrêter ses regards sur les curiosités de la route, il ne voulut s'intéresser à aucune et resta froid comme marbre devant la porte Saint-Denis, ne s'émut pas davantage devant la porte Saint-Martin et fit même observer dédaigneusement qu'elles ressemblaient à deux portes cochères. Quant à la colonne qui se dresse au milieu de la place de la Bastille, il prétendit qu'il serait mieux de la coucher sur le flanc et d'en faire un gros canon ; que ce serait plus amusant, plus utile.

Il argumentait encore sur ce sujet quand la voiture s'arrêta devant la grille principale du Jardin des Plantes, celle qui fait face au pont d'Austerlitz.

— Nous voici arrivés... dit madame Leroy.

A partir de ce moment, Maurice parut se recueillir dans l'attente du grave spectacle qui lui était réservé.

— Ne t'éloigne pas de moi, lui dit son père, tu comprends qu'un lion pourrait s'échapper.

— Oh! papa, je suis sur mes gardes, répondit-il en montrant son fusil armé.

— Il n'importe, ne t'éloigne pas, car à nous deux nous le tuerions toujours plus facilement.

Maurice fit un signe affirmatif.

Paul, qui avait annoncé la veille avec tant de fanfare à son ami Maurice que le Jardin des Plantes était *son jardin*, et qu'il se réservait de lui en faire les honneurs, semblait avoir oublié sa promesse.

Il allait, comme on dit, son petit bonhomme de chemin, sans regarder seulement autour de lui.

Avait-il l'imagination moins échauffée à l'endroit des lions? ou bien son attitude quasi-indifférente s'expliquait-elle par une connaissance très-intime des lieux qu'il visitait peut-être pour la vingtième fois?

Nullement... mais il avait, avant de sortir de chez lui, bourré ses poches de petits gâteaux secs sous le prétexte de les donner aux animaux, et il les grignotait tout bas... en cachette, pour ne point éveiller l'attention sur sa gourmandise.

Charlotte et Marianna causaient de ce qu'elles allaient voir : autant des lions, des ours, des rhinocéros, des hippopotames, que des deux labyrinthes et du cabinet d'histoire naturelle où l'on trouve surtout de si jolis oiseaux.

Un cri poussé par Maurice interrompit tout à coup leur conversation.

On se trouvait en face de la ménagerie des animaux féroces.

Le soleil inondait leurs cages, et, absorbés par la chaleur, ils dormaient étendus sur le flanc, tournant sans plus de façons le dos aux visiteurs.

Cette vue fut une véritable désillusion pour Maurice, certain jusqu'ici que la vie d'un lion se passait à rugir ou à dévorer quelqu'un ou quelque chose. Un lion et un tigre qui dormaient aussi tranquillement que son chat ne lui paraissaient pas devoir être de la bonne espèce.

Il exprima toute sa pensée dans ces quelques mots :

— Dis donc, papa, est-ce que c'est ça, des lions et des tigres ?

— Sans doute, mon fils.

— Ils ne bougent pas.

— Dame, ils sont comme les petits garçons qui se sont couchés tard, on ne peut plus les réveiller.

— Si nous faisions du bruit ? dit Maurice.

— Ils ne nous entendraient pas.

— Cependant, papa, si on leur tirait un coup de canon par derrière... aux lions?

— Je crois qu'ils se retourneraient, et tout de suite encore.

Maurice fit un mouvement de satisfaction, comme s'il venait de résoudre un problème difficile.

— Oh, oh! regardez donc! regardez donc! dit tout bas Paul.

Et il désignait du doigt un petit animal qui montrait sa tête à l'orifice d'un trou percé à l'angle extérieur de la cage de deux jeunes ours, immédiatement sous le plancher.

— C'est un rat, dit monsieur Fournier.

— Que va-t-il faire? demanda Maurice.

— Chut! et observons-le.

Tout le monde se rapprocha.

Monsieur Fournier reprit :

— Vous verrez bientôt que ce n'est pas sans raison qu'il est venu s'établir dans cet endroit.

Personne ne bougea plus.

Le rat, dont on n'apercevait toujours que la tête, jetait de tous côtés des regards scrutateurs.

— Il cherche à voir si personne ne le guette, dit Maurice.

— Ou si sa femme revient du marché, reprit le petit Paul.

— C'est comme dans les fables de La Fontaine, ajouta Charlotte.

— Moi, je crois qu'il a peur des petits ours, fit observer Maurice.

— Mais non, il doit bien savoir qu'ils ne peuvent sortir de leur cage, répliqua Marianna.

Tout à coup le petit animal, rassuré sans doute par ce long examen, s'élança hors de son trou, et tomba juste au milieu des morceaux de pain que les visiteurs jettent aux animaux, et qui, le plus souvent, arrêtés dans leur trajet par les barreaux de la cage, retombent en dehors.

Il y en avait là plus d'une vingtaine.

Le rat choisit le plus gros, le prit entre ses dents, et d'un bond l'emporta dans son domicile.

— Ah!.. qu'il est drôle! s'écria Marianna.

Une seconde après, le rat reparaissait, agissait avec la même prudence, faisait de nouvelles provisions, et remontait chez lui pour les mettre en magasin.

Il fit ainsi une douzaine de voyages à la grande surprise des enfants.

— Mais c'est un accapareur... dit Marianna.

— Moi, je suis certaine qu'il a beaucoup d'enfants et qu'il leur porte leur petite nourriture, répondit Charlotte.

— Tu as raison, fillette, ce doit être un père de famille, et de plus un père intelligent, qui a parfaitement raisonné en choisissant sa demeure. Il s'est dit : « Ces deux oursons sont trop bien enfermés pour aller dîner en ville; de plus il y a de bonnes gens qui se dérangent de leur chemin dans le but de leur envoyer tous les jours des morceaux de pain, et même des gâteaux pour leur dessert..... mais ces bonnes gens sont le plus souvent maladroits, et la moitié de ces friandises n'arrive pas à leurs destinataires; faisons qu'elle devienne notre partage. »

Alors, il s'est frotté les pattes, a fait signe à sa femme, à ses enfants, et tous se sont précipités dans ce refuge où ils ont trouvé du même coup le vivre et le couvert. Il est vrai que ces oursons ne sentent pas la rose, mais quel logis n'a pas ses désagréments?

Un lion qui se réveillait en ce moment se dressa sur ses pattes et poussa un formidable rugissement.

Les enfants eurent un mouvement de frayeur et se serrèrent autour de monsieur Fournier.

— Poltrons! s'écria celui-ci, vous ne voyez pas que c'est un lion qui se réveille.

— Oh, papa ! qu'il m'a fait peur ! s'écria Marianna encore toute pâle.

— On dirait qu'il a le tonnerre dans la poitrine... ajouta Charlotte.

Maurice rouvrit les yeux et regarda timidement autour de lui.

— Tiens, dit-il, les animaux se sont tous réveillés.

Et, ramassant lestement son fusil qu'il avait laissé tomber dans son épouvante, il se hâta de courir d'une cage à l'autre, s'arrêtant tour à tour devant les lions, les tigres, les ours, les panthères, les jaguars... etc... Il y avait surtout les petits ours noirs qui le charmaient par leur gentillesse.

A peine réveillés, comme tous leurs voisins, par le rugissement du lion, ils s'étaient mis à se dandiner avec un entrain bien surprenant chez des animaux d'une si lourde apparence, et enfin à exécuter une sorte de valse à trois temps qu'ils interrompaient sans souci de la mesure, pour se renverser alternativement sur le dos, s'égratigner le ventre, et se mordiller les oreilles.

Les enfants riaient, trépignaient, poussaient de petits cris, comme s'ils eussent participé à tous les incidents de la lutte.

Un lion et une lionne, enfermés dans la même cage, attirèrent bientôt leur attention.

Le lion se promenait fièrement, suivi de la lionne qui répétait tous ses mouvements.

— Dis donc, papa, fit Maurice, on dirait que la lionne a quelque chose à dire au lion, et qu'il ne veut pas l'écouter.

— C'est vrai, mon enfant.

— Pourquoi ça ?

— Dame, je crois que lui seul pourrait te l'apprendre.

Paul croquait toujours ses petits gâteaux en cachette, tout en se faufilant entre les jambes des spectateurs pour se placer au premier rang.

— Vois donc, papa, comme le lion a de beaux yeux jaunes! s'écria Marianna.

— Oui, ma fille, on dirait de l'or en fusion.

— Et la petite panthère, est-elle gracieuse! elle ressemble tant à une minette que je voudrais pouvoir jouer avec elle.

— Oh! regardez donc la lionne!.. s'écria Maurice, elle gratte le plancher comme un *minon* qui va faire quelque chose de pas joli du tout. — Oh, oh! ça y est! ajouta-t-il en frappant ses mains l'une contre l'autre.

— Fi! la malpropre! murmura Charlotte.

Tous les spectateurs rirent aux éclats autant du sans-gêne de la lionne que de l'exclamation de la petite fille.

Le lion seul ne parut pas s'émouvoir de l'incident et continua sa promenade.

Le jour était aux choses drôlatiques.

Dans la cage contigüe à celle des lions se trouvait un très-beau tigre royal, mais qui était, selon toute évidence, affligé d'un échauffement local considérable... On avait sans doute suivi les ordres du vétérinaire en plaçant dans sa cage un vaste baquet aux deux tiers rempli d'eau, et en insinuant à l'animal, par signes ou autrement, de prendre un bain de siége.

Le pauvre malade, songeant donc depuis quelques moments à exécuter cette ordonnance, se tournait de cent façons pour faire entrer son arrière-train dans la baignoire placée devant lui. Il avait déjà cherché à y entrer par la patte droite, puis par la gauche, puis par les quatre pattes à la fois, enfin par une foule de combinaisons propres à son espèce, mais qui n'obtenaient aucun résultat, quand une fausse manœuvre, en lui faisant perdre l'équilibre, l'y précipita tout à coup et d'une façon si plaisante, si inattendue, qu'il en obtint un véritable succès d'hilarité.

Le malheureux tigre avait eu tant de peine à se mettre

dans cette posture qu'il ne bougea plus, regardant son public d'un air qui voulait dire :

— Vous avez beau rire, m'y voilà... et j'y reste : c'est d'ailleurs mon médecin qui le veut ainsi.

— Oh ! papa, on croirait qu'il va avancer la patte pour demander un sou ! s'écria Marianna.

Malgré toute sa bonne volonté, le tigre se trouva bientôt si mal à l'aise dans cette piscine improvisée, qu'il fit un brusque mouvement pour obtenir une meilleure assiette ; mais ce mouvement le rejeta en arrière, et il entraîna avec lui le baquet qui fut débarrassé en même temps de son double contenu.

Les rires cette fois recommencèrent de plus belle, et l'animal se retira au fond de sa cage, le derrière et la queue mouillés, ce qui ne fit qu'ajouter à son air déjà passablement triste et piteux.

Un peu plus loin deux ours de couleur sale se grognaient au museau ; il y avait selon toute apparence des ombres dans leur ménage.

— On dirait qu'ils vont se battre, fit observer Maurice.

— C'est que l'un a sans doute mangé la part de l'autre, répondit monsieur Fournier.

— Les ours sont donc gourmands, papa?

— Très-gourmands, et si tu avais un grand pot de miel à leur offrir...

— Ils mangent du miel?

— Et le plus drôle, c'est qu'au besoin ils mangeraient du même coup le miel et les abeilles.

— C'est trop fort!.. Et les tigres, les lions, et les panthères, est-ce qu'ils mangent aussi du miel?

— Non, mon enfant, ceux-là sont essentiellement carnivores.

Le petit Paul, qui s'était un moment échappé sans être vu, revint tout à coup très-essoufflé.

— Vite! vite! venez voir une panthère qui se promène dans le jardin.

— Dans le jardin! s'écria madame Leroy avec un peu d'inquiétude.

Ce que Paul appelait un jardin est simplement une cage beaucoup plus spacieuse que les autres, et qui se trouve un peu en arrière de la ménagerie principale des animaux féroces.

Elle possède tous les agréments d'une habitation bourgeoise : maison de pierre où l'on arrive par deux rampes en pente douce, et qui sont unies entre elles par une terrasse étroite, sans balustrade, jardin sablé et bien tenu ; une grille au fond, ouverte sur d'autres jardins.

La panthère, une panthère énorme et très-belle, se promenait lentement dans ce petit domaine, et de manière à faire comprendre qu'elle avait conscience de sa grâce et de sa beauté.

Tantôt elle faisait onduler son corps avec nonchalance, tantôt elle hâtait le pas ou demeurait immobile, relevant chaque fois la tête pour regarder autour d'elle avec des yeux ardents... Puis, rentrant dans sa maison, elle en ressortait aussitôt et venait se coucher au bord de sa terrasse, la tête haute, les pattes pendantes, et la queue allongée.

Elle avait les airs d'une belle reine qui s'est installée pour donner audience à ses courtisans.

— Elle fait comme une dame, dit Marianna.

— Charlotte, regarde donc le petit oiseau qui entre dans sa cage ; faut-il qu'il soit hardi ! s'écria Paul.

— Tiens, voilà qu'elle retourne dans sa maison, dit Maurice...

— Avez-vous vu comme le petit oiseau s'est envolé ? ajouta Paul.

— Papa, viens donc voir les vilaines bêtes qui sont là, dans la cour... dit Marianna.

— Ma fille, ce sont des sangliers.

— Ah! ce n'est pas beau... Et ces deux-là, qui sont dans cette grande cage?

— Ce sont des chacals...

— Ils ressemblent à des renards, fit observer Marianna.

— Comme ils vont de tous côtés en marchant vite, on dirait qu'ils ont perdu quelque chose... dit Maurice.

— Nous avons oublié les loups qui sont à l'autre extrémité, fit observer madame Leroy.

— Très-bien, ma chère sœur, mais d'abord nous avons un billet pour visiter l'intérieur de la ménagerie des animaux féroces, et comme en voici l'entrée...

— Ah! c'est vrai, répondit madame Leroy qui saisit en même temps la sonnette.

Le gardien vint ouvrir, et sur la vue de leur billet consentit à les recevoir, bien que ce ne fût pas précisément l'heure des visites particulières.

Mais, à l'exception d'un serval, espèce de chat sauvage toujours furieux, et d'un petit ours, ils ne virent rien de nouveau, les animaux étant tous passés dans les cages qui font face au public.

Par exemple, ils y retrouvèrent le lion et la lionne, qui étaient revenus se mettre à l'ombre dans leur arrière-cage.

Tous deux s'étaient couchés.

Le mâle sur le plancher, la femelle sur une planche placée dans un angle, à plus d'un mètre de hauteur, et qui lui sert de lit. Ils ne bougeaient que pour se regarder de temps en temps.

— Ils ont l'air de bien s'ennuyer, fit observer Marianna.

— Et qui s'ennuie ennuie bien vite les autres, allons voir les loups... dit M. Fournier.

— Oui, oui, allons voir les loups! s'écria Maurice.

Ils quittèrent la galerie par la porte opposée à celle qui leur avait livré passage.

Tous deux s'étaient couchés (p. 142).

Quatre loups très-beaux sont en effet relégués en face de la longue grille qui est parallèle à la Seine.

Le plus beau des quatre vit en solitaire ; les trois autres sont réunis dans la cage contiguë à la sienne.

Bien que voisins, ils semblent ne pas se connaître.

Regarder de travers et être sans cesse en mouvement constitue, il paraît, leur occupation la plus sérieuse.

— Ils font comme les chacals... fit observer Maurice.

— Vois-tu bien ce gros-là... lui dit Charlotte d'un ton sérieux.

— Oui, je le vois très-bien.

— C'est celui qui a mangé le petit Chaperon-Rouge.

— Oh ! s'écria Maurice en considérant le loup avec une certaine épouvante.

— C'est un loup terrible, reprit Charlotte.

— Et il avait aussi mangé sa mère'grand ?

— Aussi ! répondit Charlotte avec un signe de tête.

Maurice n'en demanda pas davantage, et tira tout doucement d'un autre côté.

Les deux petites filles sourirent en regardant madame Leroy.

Celle-ci reprit en s'adressant au petit Paul qui achevait, toujours sournoisement, d'expédier son dernier gâteau.

— Il me semble, mon gros petit Paul, que tu avais promis de montrer toi-même le Jardin des Plantes à Maurice.

Le croqueur de gâteaux, qui avait enfin la bouche, les poches et les mains libres, répliqua d'un air dégagé :

— Oui, je veux tout montrer moi-même à Maurice, et il alla le prendre par la main.

— Nous allons voir les singes, ajouta-t-il en se retournant.

Les singes ressemblent à des écoliers dont la récréation durerait toute la journée. Ils se poursuivent, se font la grimace, se bousculent, se battent sans relâche ; on croirait que c'est leur mission dans ce monde et qu'ils l'exercent avec amour.

Les enfants furent à peine arrivés devant l'immense cage de fer, grillagée, qui sert aux ébats de la colonie, que Marianna s'écria :

— On dirait de petits diables !

— Regarde, regarde, disait Paul à Maurice, en voilà un qui mange la queue de l'autre...

— Et ce gros-là qui en traîne un petit comme si c'était une voiture ! fit à son tour observer Maurice.

— Et ces deux jaunes qui jouent à saute-mouton, reprit son compagnon.

— En voilà d'autres qui se battent pour un morceau de pain.

— Oh ! et ces deux-là qui ont l'air de jouer à la marelle.

— Oh ! et ceux du fond ! je crois qu'ils jouent aux quatre coins.

— Non... tu vois bien qu'ils dansent en rond...

Les observations se croisaient avec rapidité, quand Charlotte dit tout à coup :

— Regarde donc, maman, ce grand singe.

— Eh bien, ma fille?

— Eh bien, il ressemble tout à fait au concierge de notre maison.

— Veux-tu bien te taire ! répondit madame Leroy en comprimant un fou rire.

— Je t'assure, maman, que cela est vrai ; regarde-le bien... Il a des yeux *comme ça*, son nez plat et sa grande bouche bombée sont tout pareils... et puis ses oreilles qui s'écartent de la tête..... et son collier de barbe... oui, maman, regarde-le avec attention.

— Mais veux-tu bien te taire, répétait madame Leroy qui avait fini par rire aux larmes des observations de sa fille.

Paul depuis quelques minutes dirigeait sérieusement la promenade ; il dit alors à Maurice :

— Viens maintenant voir le gros *céros*, le gros *potame* et *le gros-gros léphant ; c'est des quatre pattes.*

La rotonde affectée aux grands mammifères quadrupèdes est à quelques pas des singes.

On s'y rendit aussitôt.

Le premier animal qui s'offrit aux yeux de Maurice fut un vigoureux rhinocéros. Il se promenait seul derrière la barrière en charpente qui l'isole du public.

— Voilà le gros *céros*... dit lestement le petit Paul à son ami... Tu vois, il a une corne sur le nez et de tout petits yeux... une grande lèvre,... et il bave comme mon petit cousin André qui a six mois.

— La vilaine bête ! fit Maurice.

— Il est affreux ! s'écria Marianna ; que sa peau est rugueuse... et qu'elle fait de grands plis !

— Et puis, qu'il a l'air stupide ! ajouta Charlotte.

— Et comme ses jambes sont courtes ! reprit Marianna.

— Ce qui ne l'empêche pas, il paraît, lorsqu'il poursuit un ennemi, de courir aussi vite que le meilleur cheval, fit observer monsieur Fournier.

— Moi aussi je cours très-vite quand je suis en colère, dit Maurice.

— Et surtout quand tu as peur, n'est-ce pas, mon garçon ?

Maurice ne répondit pas, il venait d'apercevoir un hippopotame qui, couché sur le ventre, dormait en plein soleil, à quelques mètres de lui.

— Oh, oh ! dit-il enfin, en indiquant du doigt le monstrueux animal.

— Ça ! c'est un gros *potame*, dit Paul, qui avait suivi le geste ;... viens le voir.

Maurice et Paul, selon leur habitude, se faufilèrent au premier rang des spectateurs.

Paul était devenu très-loquace depuis qu'il ne grignotait plus rien.

— Regarde, disait-il à Maurice, il est gros comme deux vaches... et par derrière... on dirait un porc... et puis sa tête...

— Et son museau, il est tout enflé, il a bien sûr mal aux dents, répliqua Maurice.

— Et son ventre qui traîne à terre, il est enflé aussi, reprit Paul.

— Comme ses pieds sont petits... dit Maurice qui ne quittait pas l'animal des yeux.

— Oh ! qu'il est laid ! s'écria tout à coup Marianna en se rapprochant des deux petits garçons.

Paul, qui ne pouvait s'occuper longtemps du même objet, entraînait déjà Maurice en lui disant :

— Viens voir... viens voir.

— Quoi ?

— Regarde dans l'eau.

— Je ne vois rien...

— Tu ne vois pas l'eau qui remue...

— Si..

— Eh bien, c'est le second *potame*.

Maurice s'arrêta court.

Une tête monstrueuse venait de se montrer à fleur d'eau en poussant un formidable hennissement.

— Oh, oh ! s'écria Maurice.

— C'est encore un *potame*, dit Paul.

— Tiens, ça vit dans l'eau ?

— Oui, mon enfant, hippopotame veut dire cheval de rivière, dit monsieur Fournier.

L'animal remontait en ce moment de son immense abreuvoir, où il s'ensevelit quelquefois pendant près d'un quart-d'heure.

— Comme il va lentement... dit Maurice ; c'est peut-être qu'il a trop bu.

— Je le croirais, fit madame Leroy en souriant.

Si l'hippopotame n'avait pas trop bu, il avait sans nul doute gagné de l'appétit en se baignant, car il vint se promener le plus près possible du public pour lui faire des avances d'amabilité.

Le public y répondit sans tarder par une profusion de morceaux de pain que l'animal, empêché par l'énormité de son museau, eut beaucoup de peine à ramasser, ce qui ne divertissait pas peu les spectateurs.

L'hippopotame eut alors une idée triomphante.

Il vint se camper en face de la foule, et ouvrit la bouche toute grande.

Cette bouche démesurée ressemblait à un vaste soupirail, tapissé de chair rose, et garni de trente-huit dents formidables.

Un immense éclat de rire accueillit cette action grotesque.

L'hippopotame ainsi installé ne bougea pas plus que s'il eût été de pierre.

Charlotte, Marianna, Maurice et Paul bondissaient de joie.

L'invitation était si directe, l'ouverture si engageante, qu'une vingtaine de mains se levèrent en même temps pour lui envoyer du pain et des gâteaux.

Tout ce qui entra dans la bouche fût immédiatement englouti.

L'hippopotame avalait sans osciller d'un millimètre ; en un mot, il fonctionnait si bien que l'émulation se mit parmi les spectateurs, et qu'on dévalisa en quelques minutes l'étalage d'une marchande de petits pains et de gâteaux, établie tout près de la Rotonde.

Ce fut alors une grêle de morceaux de pain, dont une bonne moitié passa dans l'estomac de l'animal, qui continua sans broncher de rester en position.

Bientôt on lui envoya des petits pains entiers. Un moment

vint où il y eut encombrement dans sa bouche, et où il fut contraint de donner quelques coups de dents avant d'avaler ; il le fit de très-bonne grâce.

— Maurice, viens voir le gros *léphant*, dit Paul déjà blasé sur les gentillesses de l'hippopotame.

L'aspect de l'éléphant a quelque chose de formidable. Maurice et Marianna, qui en apercevaient un pour la première fois, ne pouvaient revenir de leur surprise.

— Papa, s'écria Marianna, on dirait une maison qui marche !.. Regarde donc son grand nez qui se roule comme une corde, et lui sert de main.

— Son nez ?... c'est sa queue, dit Maurice.

— C'est sa trompe, répliqua monsieur Fournier en riant.

— Ah ! je croyais que c'était sa queue.

— Quelles dents !. quelles oreilles !... poursuivit Marianna.

— Dis donc, papa, est-ce que ça se mange... l'éléphant ? demanda Maurice.

— Non, mon fils...

— C'est dommage... murmura le petit garçon.

— Pourquoi est-ce dommage ?...

— Dame, c'est que ça ferait un gros plat.

La trompe de l'animal effleurait en ce moment le visage de Maurice qui s'était exhaussé sur le treillage, afin de le mieux voir.

— Papa, papa, l'éléphant qui veut m'embrasser, dit Maurice avec un certain effroi.

— N'aie pas peur, il te demande simplement à manger.

Maurice lui donna un reste de gâteau.

L'éléphant le saisit délicatement avec sa trompe pour le porter à sa bouche...

— Oh ! papa, quelle petite bouche pour un si gros animal.

— Tiens, voilà les chameaux qui nous regardent dans le dos.. ! cria le petit Paul.

Chacun se retourna.

En effet, deux dromadaires, un peu tristes de se sentir négligés pour l'éléphant, montraient leurs têtes mélancoliques au-dessus du haut grillage de fer qui borne leur enclos.

Le moins grand avait même posé ses pieds de devant sur le bord d'une auge de pierre pour se montrer de plus haut.

Les petits garçons furent obligés de se cambrer les reins afin de les apercevoir dans leur ensemble.

— Ils sont bossus tous les deux, fit Maurice.

— Il paraît que c'est de famille, dit Charlotte en riant.

— Oui, c'est de famille, répéta Paul qui, ne tenant guère à aller au fond des choses, acceptait volontiers toutes les explications.

— Et les croûtes qu'ils ont aux genoux, c'est aussi de famille, dit malicieusement Charlotte.

— Aussi, répéta Maurice en se grattant le bout du nez.

— Tu vois celui qui est le plus grand, dit Paul.

— Oui.

— Eh bien, c'est un monsieur ; l'autre c'est une dame.

— Ah !... Et les petits qui sont avec eux... c'est leurs enfants ?.. demanda Maurice.

— Leurs enfants !.. ce sont des chèvres, répondit Marianna.

— Eh bien, qu'est-ce que ça fait !.. répliqua Maurice.

— Par ici !... par ici !... criait de nouveau Paul, entraînant toujours son camarade, allons voir les ours qui sont dans les grands trous, et qui montent à l'arbre, c'est ça qui est amusant.

La fosse aux ours était justement très-animée ce jour-là, il semblait que le hasard eût mis tous ses pensionnaires en gaieté.

Non-seulement ils obéissaient pour le plus petit morceau de pain, au moindre commandement des spectateurs ; mais ils jouaient pour leur propre compte. Les uns faisaient *les beaux*, en se couchant sur le dos, les quatre pattes en l'air ; les autres se roulaient en se prenant aux oreilles... L'un d'eux montait à l'arbre, et, les pattes étendues, semblait haranguer la foule qu'il dominait presque entièrement. Il y en avait encore un très-maigre, haut monté sur pattes, et entièrement pelé, que ses compagnons bousculaient volontiers, sans avoir l'air d'y prendre garde.

Paul l'aperçut du premier coup d'œil.

Oh, oh ! dit-il à Maurice, regarde celui-là, on dirait un petit pauvre.

— Il a le dos tout crotté, fit Maurice.

— En voilà un qui s'est mis sous la fontaine pour se laver la tête, reprit Paul qui allait toujours en avant. Il ajouta aussitôt :

— Et celui-là qui est grimpé tout en haut de son arbre, c'est Martin ; grand-père m'a dit qu'il avait mangé un homme tout entier...

— Avec son chapeau ? demanda Maurice.

— Avec son chapeau...

— Marianna, s'écria Maurice, regarde donc celui-là, Paul dit qu'il a mangé un homme avec son chapeau.

— C'est affreux !... fit la petite fille.

— Marianna, voilà encore l'ours blanc qui balance sa tête ; il paraît que c'est son habitude, reprit Maurice.

— Mon Dieu ! mais il va s'étourdir... fit observer Marianna.

— Maintenant faut aller voir les serpents et la baleine, et puis nous monterons au Labyrinthe...

Les désirs de Paul étaient devenus des ordres.

On fit donc volte-face pour se rendre dans la petite cour où se trouvent les reptiles.

— Comme c'est triste par ici !... s'écria Marianna.

— Faut d'abord voir les gros lézards... dit le petit Paul.

— Ce sont des caïmans, reprit monsieur Fournier.

— Les vilaines bêtes ! s'écria Marianna.

— On croirait qu'elles sont mortes !... dit Maurice.

— J'en ai le frisson, ça me fait l'effet des grosses araignées... dit Charlotte.

— Voilà un tout petit singe... reprit Paul.

— C'est un caméléon, mon ami, dit madame Leroy...

— Ah ! fit Paul à qui cela était indifférent.

— Comme il se traîne !... fit Maurice.

— Et ce lézard qui monte chez lui, reprit Marianna.

— Il rentre pour dîner, répondit Paul.

— Ah ! voilà les serpents ! ça me fait peur... s'écria Marianna.

— Et à moi aussi, il me semble toujours qu'ils vont me piquer, dit Charlotte.

— Oui, ça vous pique, et tout de suite on est mort ; je l'ai lu dans mon Buffon, ajouta Marianna.

— On les a mis sous des couvertures... Pourquoi donc, papa ? demanda Maurice.

— C'est afin qu'ils aient plus chaud, mon ami.

— Plus chaud ? moi j'étouffe.

— C'est pour qu'ils jouent à cache-cache... je le sais, dit le petit Paul.

Il reprit immédiatement :

— Maintenant faut voir les oiseaux et la baleine.

— Une baleine ! est-ce qu'elle est vivante ? demanda Maurice.

— Mais non, elle est tout en os ; par exemple, il y en a une qui est en carton, mais elle n'est pas vivante, non plus.

On rit de la naïveté de Paul. Il était déjà parti avec Maurice du côté des oiseaux...

— Oh ! les belles petites alouettes !... s'écria Maurice en remarquant une volière placée à l'angle extérieur de la cour des reptiles.

— Ça, c'est des moineaux... viens donc plutôt voir des perroquets, comme au Jardin d'Acclimatation ; ils sont charmants, n'est-ce pas ?

— Oui, répondit consciencieusement Maurice.

— Eh bien, je n'aime pas les perroquets, ils crient trop fort et puis ils vous pincent le doigt. Grand-père en avait un qui l'a mordu au sang.... Tiens, regarde ce *deux pattes*-là, c'est un aigle, il paraît que ça enlève des moutons tout vivants... c'est très-fort... Ça, c'est des vautours ; ils sont toute une famille : le père, la mère, l'oncle et les enfants ; ils font tout sur leur arbre, et sont aussi méchants que malpropres. Grand-papa dit que dans leur pays ils ne mangent que des animaux morts. Voilà encore un vautour.

— Il a le cou rouge comme un dindon, remarqua Maurice.

— Ça, c'est un condor, son cou est tout déplumé, ce n'est pas beau.

— Il ferait bien de mettre une cravate, dit Maurice.

— Et d'y faire un gros nœud par devant, se hâta d'ajouter Charlotte en riant.

— Ça, c'est des milans, ils ont une petite cabane comme les pigeons.

— Et la baleine? demanda Maurice.

— Par ici, dit Paul, nous verrons la petite rivière en chemin. — Tiens, la voilà avec ses grandes et ses petites cocottes.

Tout à coup Maurice, qui avait pris l'avance de quelques pas, revenait d'un air très-effrayé.

Il avait aperçu sur son chemin un squelette de baleine en même temps qu'une baleine empaillée; tous deux soutenus par une puissante armature de fer.

— Ça, c'est les baleines... fit Paul après avoir avancé la tête.

— Ah! comme c'est grand!

— Viens par-là, dans la cour, il y en a encore de plus grandes...

— Encore! fit Maurice en suivant son conducteur.

Quand il se trouva entre l'immense squelette du cachalot qui est à gauche et celui de la baleine qui est à droite, sous son toit de verre, il resta d'abord ébahi.

Il tournait incessamment sur lui-même.

Marianna, arrivée derrière lui, partageait son étonnement en faisant des gestes significatifs.

— C'est monstrueux! dit-elle enfin.

— *Très-monstrueux!* ajouta Maurice qui, vite familiarisé avec toute chose, faisait déjà des gambades devant ces ossements gigantesques.

— Regarde donc, Marianna, les grandes lames de baleine

qui tapissent les deux côtés de sa bouche, dit madame Leroy.

— Oui, ma tante, c'est bien singulier... et quelle bouche! On s'y promènerait.

On se dirigea vers le fond de la cour pour examiner le squelette dans toute son étendue.

Maurice et Paul restèrent en arrière.

Au bout de quelques minutes, monsieur Fournier et madame Leroy, qui avaient cessé de surveiller les deux petits bons hommes, s'aperçurent de leur disparition.

Ils les cherchèrent d'abord... puis se mirent à les appeler.

Aucune réponse.

Ils commençaient à s'inquiéter quand des rires étouffés parvinrent tout à coup à leurs oreilles.

Les petits garçons, qui n'étaient plus observés par personne, avaient eu l'idée de franchir l'insignifiante balustrade de bois qui entoure le squelette, et d'aller tous deux se loger dans sa tête, grâce à l'armature qui la soutient, et qui leur avait servi d'échelle.

Monsieur Fournier les aperçut le premier.

Partagé entre l'envie de rire et celle de se fâcher, il s'écria vivement :

— Voulez-vous bien descendre de là!... et tout de suite!

Maurice et Paul obéirent aussitôt et revinrent l'oreille un peu basse auprès de monsieur Fournier.

— Imprudents! vous ne savez donc pas que le gardien vous mettrait en prison; par bonheur il n'était pas là.

— Allons au Labyrinthe! s'écria Paul en recommençant ses gambades.

— Un instant, mes enfants, nous avons auparavant à visiter le cabinet d'histoire naturelle.

— C'est très-intéressant, vous verrez, fit observer Charlotte.

— Les jolis perroquets! s'écria tout à coup Marianna en

apercevant à sa gauche la rangée de perchoirs qui, de ce côté, borde le jardin de la ménagerie.

— Oui, c'est joli, mais ça mord ferme, grand-père me l'a dit, répéta le petit Paul.

On se dirigea vers le cabinet d'histoire naturelle en passant entre les deux Labyrinthes.

Arrivé à la porte, Paul dit :

— *C'est moi que je suis* votre montreur de bêtes, ainsi tu ne diras rien, Charlotte... je parlerai tout seul.

— C'est convenu, répondit la petite fille.

On entra par les salles du rez-de-chaussée où l'on a placé de préférence les animaux de haute taille.

Le petit Paul continua à remplir sa mission.

— Vois-tu, dit-il à son ami Maurice, ici ce sont des bêtes *tout à fait mortes*.

— Comme la baleine, fit Maurice.

— Elles sont encore *plus mortes*, répliqua Paul.

— Oh ! s'écria Maurice.

— Tiens, voilà d'abord une famille de *léphants*... regarde le tout petit, c'est comme un gros chien.

— Il a l'air d'aller à l'école... dit Maurice.

— Oui, mais par exemple il a oublié son livre, fit Paul d'un air malin.

Il reprit aussitôt :

— Ça, c'est des *céros*, tu sais, comme tout à l'heure... et ça, c'est tous des petits *potames ;* sont-ils drôles !

— C'en est qui sont morts tout petits, fit observer Maurice; mais c'est singulier comme leurs peaux reluisent !

— C'est qu'on les a cirés, nous allons voir maintenant des serpents qui sont dans des bouteilles...

On gagna lestement le premier étage.

— Tiens, le voilà, le gros serpent.

— C'est bien vilain, dit Maurice.

— Et tous ces *pas de pattes* et ces bêtes noires, poursuivit Paul.

— Des poissons et des tortues : je connais ça.

— On les a accrochés au plafond et mis dans des armoires pour que les voleurs ne puissent pas les emporter.

— Oh, oh ! la grande tortue qui est là sur ses pattes de derrière ! s'écria Maurice ; elle est plus grande que papa.

— C'est vrai.

— Elle est plus grande de la tête.

— Allons par là, maintenant. Tiens, voilà encore des gros serpents qui sont sur des arbres ; on dirait qu'ils nous guettent.

— Viens vite, viens, et toi aussi, Marianna. — Regardez donc là-haut tous ces crocodiles ; c'est ça qui est méchant..., dit Maurice.

— Et toutes ces petites couleuvres qui sont dans des bouteilles ! reprit Paul.

— Il y en a beaucoup.

— Et par ici, des homards et des crabes ! c'est ça qui doit pincer.

— Ils sont grands pour des homards, dit Maurice.

— Ce sont des pères, répliqua Paul.

— Par ici, vois-tu, c'est tout des bœufs et des singes ; il n'ont plus de poils parce qu'ils sont très-vieux.

— Oh, oh ! le grand singe ! s'écria tout à coup Maurice épouvanté.

— C'est un homme des bois, on l'a mis là avec ses enfants... Grand-père dit que c'est très-méchant et aussi fort que huit hommes.

— Huit hommes ?

— Oui, et de très-gros.

— *Ah ben, ah ben !*

— Et tous ces petits singes ! font-ils de vilaines grimaces... On dirait qu'ils sont là pour nous voir passer, et qu'ils se moquent de nous. — Çà, c'est des coquillages.

— J'aime mieux les bêtes! dit Maurice.

— Marianna, s'écria vivement Charlotte, viens donc voir une pieuvre pareille à celle du Jardin d'Acclimatation.

— Non! je ne veux pas, c'est trop affreux; j'aime mieux regarder cette belle éponge qui est grande comme un bassin.

— Ici, reprit Paul qui venait de passer dans une autre salle, c'est des petits oiseaux avec leurs nids; c'est gentil tout à fait... Voilà un nid qui est rempli d'œufs.

— Les œufs, je connais ça, dit Maurice, la mère se tient dessus pour qu'ils soient toujours bien chauds... et un beau jour les petits viennent au monde tout seuls.

— Regarde ce nid-là, il est fait comme un chausson, et celui-ci comme un bas... En voilà un qui est tout en terre... Oh! et ces petits œufs dans de la poudre bleue... Oh, oh! voilà des serins qui couvent. Et là, Dieu! ces *petits-petits* nids... et les amours de petits oiseaux gros comme des hannetons... Et les nids qui sont là-haut, on les prendrait pour des fagots; que c'est drôle.

Maintenant montons par ici.

On suivit les deux petits garçons à l'étage supérieur, où Paul, qui avait l'air de faire une besogne très-pressée, disait déjà à son ami Maurice :

— De ce côté-ci, vois-tu, c'est tout des ratons qui ont le nez pointu... et par là des ours blancs qui sont jaunes. Par ici c'est des chats, des lions et des tigres..., hein! s'ils étaient vivants?

— Charlotte, regarde donc le nid d'une guêpe! s'écria Marianna.

— Oui, c'est très-curieux.

— Venez tous voir les jolis oiseaux! criait Paul toujours courant... Les belles ailes! les belles queues! Voilà un paon qui fait la roue, comme dit grand-père... Est-il fier de ses jolies plumes!

— C'est comme Marianna quand elle a un chapeau neuf, dit Maurice.

— Que de becs ! que de becs ! en voilà qui ont de grandes poches ! Oh ! tous ces canetons qui se tiennent comme des soldats... Et par ici ces oiseaux qui sont ensemble dans cette belle cage ;.... Maman en met de pareils dans ses cheveux.

Paul était arrivé devant une autruche.

— Ça, dit-il, c'est un grand *deux-pattes*, le plus grand ; tu sais, nous en avons vu de tout pareils, au Jardin d'Acclimatation. — Regarde toutes ces cornes ! et tous ces coquillages et tous ces papillons... et tous ces perroquets !.. Il y a aussi des aigles.

Et cette grande bête-là, vois-tu, c'est une girafe, et ça c'est encore un *céros*, et ça un chameau à deux bosses, et ça des petits moutons et encore des moutons.

Paul était arrivé ainsi toujours courant, toujours bavardant, jusqu'à l'extrémité de la dernière salle.

Tout à coup il se frotta les mains en disant :

— Nous avons tout vu, tout, tout !

— Et le Labyrinthe, dit madame Leroy, tu l'oublies ?

— Le Labyrinthe, c'est pour courir et jouer à cache-cache, répondit Paul qui, après ces mots, descendit rapidement l'escalier.

Arrivé dans la cour, toujours courant il se dirigea vers l'escalier qui en occupe le fond, le gravit lestement, puis, se tournant vers ses compagnons, il leur cria :

— Le voilà ! le grand Labyrinthe ! et il fit force gambades en les attendant.

Maurice, qui fut le premier à le rejoindre, embrassa d'un coup d'œil la configuration de cette partie du jardin.

— Paul, dit-il aussitôt, il faudra perdre Charlotte et Marianna, tu sais, pour leur faire peur, mais rien qu'un peu.

— C'est ça, répondit Paul, nous rirons.

Charlotte et Marianna arrivèrent juste à point pour entendre cette petite conspiration ; elles se serrèrent le bras en souriant.

— Marianna, dit aussitôt Maurice, nous allons nous cacher avec Paul, et nous crierons *Fait à fait* quand ce sera fini.

— C'est convenu, répondit Marianna.

— Et puis, tu nous chercheras et tu auras l'air d'avoir peur ; tu diras : Mon Dieu ! mon Dieu !... le loup les a mangés... Et toi aussi, Charlotte, tu le diras.

— Moi aussi, oui, Maurice.

— Et vous nous chercherez partout, jusqu'à ce que vous nous trouviez.

— C'est convenu, répéta Charlotte.

— Viens, Paul.

— Allez ! et surtout cachez-vous bien, reprit la petite fille.

Maurice dit à Paul :

Allons nous mettre derrière ces arbres pour crier *Fait à fait*, et tout de suite nous nous sauverons de l'autre côté ; tu sais, en marchant à quatre pattes.

— Oui... oui... répondit Paul.

Tous deux s'éloignèrent.

Charlotte et Marianna, d'accord avec monsieur Fournier et madame Leroy, résolurent de s'amuser aux dépens des deux petits garçons qui voulaient les inquiéter.

— *Fait à fait !* crièrent, en ce moment, Maurice et Paul.

— Très-bien, dit madame Leroy, allons tout droit voir le grand cèdre qui est devant nous, sans nous occuper d'eux.

Maurice et Paul, après avoir poussé leur cri, étaient allés se blottir derrière une touffe d'arbustes verts.

On ne voulut pas les voir, et l'on passa outre fort tranquillement.

Les deux petits garçons, très-heureux d'abord d'échapper

aux recherches dont ils se croyaient l'objet, furent humiliés en s'apercevant que personne ne s'occupait d'eux.

— *Fait à fait !*... cria de nouveau Maurice.

Ce fut peine perdue, les petites filles ne tournèrent seulement pas la tête.

— C'est ennuyeux, ça, dit Paul.

— Elles ne veulent pas jouer, elles sont fatiguées; des petites filles, ce n'est pas étonnant, répliqua Maurice d'un air cavalier.

Tous deux s'élancèrent alors pour rejoindre nos promeneurs, qui venaient de s'arrêter devant le grand cèdre du mont Liban, dont ils admiraient l'énorme tronc et l'immense ramure.

— Oh ! les laides, qui ne veulent pas jouer ! dit Maurice en donnant de petites tapes à Charlotte et à Marianna.

— Tiens, tu désirais nous perdre, répliqua Marianna en riant.

— Vous m'aviez donc entendu ? demanda Maurice.

— Parfaitement, et c'est vous qui avez été attrapés... c'est bien fait.

— Maurice, regarde donc ce bel arbre, dit madame Leroy.

— Oui, ma tante.

— Comment le trouves-tu ?

— Il est beau, grand et gros... répondit Maurice.

— Il y aura bientôt un siècle et demi, c'est-à-dire près de cent-cinquante ans, qu'il a été planté.

— Est-ce que tu étais-là, ma tante, quand on l'a planté ?

— Je le crois bien, mon neveu, dit madame Leroy en riant.

— Alors tu as vu faire le trou ?

— Oui, mon ami, je l'ai vu faire.

— Et l'arbre, est-ce qu'il était gros ?

— Comme mon petit doigt, et haut comme ta jambe.

— Ah ben ! il a joliment poussé. — Dis donc, ma tante, est-ce que c'est un monsieur qui l'a planté ?

— Oui, c'est monsieur Bernard de Jussieu, c'est écrit sur cette plaque.

— Et il était avec sa fille, qui était ta petite amie ?

— Précisément.

— Et où est-elle, sa fille?

— Je l'ignore, mon gros, mais je suis fondée à croire qu'elle est sortie de pension.

— Ah! dis donc, ma tante, et ce banc de pierre qui est autour de l'arbre, est-ce qu'il était là aussi ?

— On ne l'y a placé que plus tard...

— Ah !

Et Maurice, montant sur le banc, y attira le petit Paul. Ils coururent un moment autour de l'arbre, l'un faisant le cheval, l'autre le cocher.

Monsieur Fournier crût au bout d'un moment devoir intervenir dans cette nouvelle récréation.

— Vous allez vous étourdir et tomber, dit-il ; descendez tout de suite.

Les enfants obéirent, et coururent après Charlotte et Marianna qui luttaient pour *arriver première* sur l'étroite plate-forme dominant le grand Labyrinthe, et d'où l'on apercevrait tout Paris, si quelques arbres ne gênaient la vue du côté nord-ouest.

— Maurice, viens voir tout Paris, dit Charlotte.

Maurice monta sur le banc de fer qui règne à l'intérieur du garde-fou, et regarda attentivement dans plusieurs directions, ne cessant de répéter : Tout Paris... tout Paris.

Il pivota ainsi pendant quelque temps sur lui-même, écarquillant les yeux de plus en plus.

— Que cherches-tu ?... lui demanda son père.

— Papa, je cherche la maison de ma tante...

— La voilà, mon ami, dit monsieur Fournier en lui indiquant le dôme du Val-de-Grâce.

— Oui, je la reconnais très-bien, dit consciencieusement le petit garçon...

Peu après, nos promeneurs remontaient en voiture pour se rendre au jardin du Luxembourg.

LE JARDIN DU LUXEMBOURG

Les chevaux étaient suffisamment reposés, et en quelques minutes ils franchirent le court espace qui sépare le Jardin des Plantes du jardin du Luxembourg.

Nos petits explorateurs se sentaient bien un peu las en descendant de voiture, mais l'attrait d'un nouveau plaisir leur rendit des jambes.

Et puis le jardin du Luxembourg est un si beau jardin !

Cette fois ce fut Charlotte qui dirigea la promenade. Elle commença par conduire ses amis à la merveille du lieu, autrement dit à la fontaine de Médicis.

Cette belle fontaine, située à l'extrémité d'une double rangée d'admirables platanes, déverse ses eaux dans trois bassins, dont la grandeur, le dessin et les niveaux sont différents.

Ces trois bassins occupent le milieu de l'allée dans toute son étendue, qui est de 50 mètres à peu près.

De beaux vases de marbre blanc et une grille de fer ornementée, très-basse, entourent cette pièce d'eau.

De chaque côté, un étroit chemin, rasant les platanes, conduit le visiteur au pied du monument qui semble confié à la garde d'un géant de bronze, dont tout le temps se passe à surveiller deux figures de marbre placées sous la roche qui lui sert de piédestal.

Les enfants, suivis de monsieur Fournier et de madame Leroy, y arrivèrent à la file.

Charlotte, du premier coup d'œil, aperçut là toute une famille de moineaux qui faisait bravement sa toilette sur le bord du bassin supérieur.

Dans l'eau jusqu'à mi-corps, ils se trémoussaient si gentiment qu'ils faisaient plaisir à voir.

Maurice, dont toutes les sensations étaient bruyantes, s'écria aussitôt :

— Ces petits moineaux qui se baignent ! sont-ils amusants !

Paul ajouta en les désignant du doigt :

— Leurs plumes sont tout ébouriffées ! et ce petit là-bas qui ne prend qu'un bain de pieds ; il a bien certainement peur de se noyer.

— Mes enfants, venez donc voir dans ce grand bassin une multitude de poissons rouges et de carpes, dit madame Leroy.

— Des carpes ! fit Charlotte en tournant vivement la tête.

— Et qui sont très-belles, répondit monsieur Fournier.

— C'est singulier, fit observer Marianna, elles ont toutes l'air de vouloir escalader le mur du second bassin.

Les carpes en effet se dressaient sans cesse pour retomber et reprendre leur élan, afin de franchir l'obstacle placé devant elles.

— Et tu ne devines pas, ma chère fille, pourquoi les carpes font ce manége? demanda monsieur Fournier.

— Non, papa.

— Eh bien, c'est que l'eau des bassins supérieurs, sortant immédiatement des réservoirs, est plus fraîche que la leur, et qu'elles désirent tout naturellement s'y promener.

— Mais les poissons rouges ne font pas la même chose, fit observer Marianna.

— Parce qu'ils sont certains de ne pouvoir s'élever au-dessus de la nappe d'eau où ils se trouvent.

— Les carpes, papa, peuvent donc en sortir tout à fait ?

— Oui, ma fille, et en voici la preuve.

Une carpe, après bien des efforts, venait, par un vigoureux saut, de se lancer dans le bassin du milieu, au grand ébahissement des spectateurs.

— Comme elle a sauté ! s'écriait le petit Paul étonné.

— Et comme elle se promène ! J'espère que, pour une

carpe seule, elle a joliment de la place maintenant, ajouta Maurice.

— Oh! regarde donc la minette qui est là-bas, dans un coin de la fontaine, dit Charlotte.

— Tiens, c'est vrai, répliqua Marianna.

Charlotte reprit :

— On dirait qu'elle a des petits minons; mais oui... voyez, voyez donc comme elle les caresse.

Une pauvre chatte, sans asile évidemment, était venue s'installer avec sa famille dans un coin du rocher occupé par le géant de bronze.

Après un dernier moment d'attention donné à la chatte, à ses petits, aux carpes, aux poissons rouges et à la belle pelouse qui s'étend à droite de la fontaine, nos promeneurs montèrent l'escalier conduisant à l'immense terrasse qui fait face au palais du Luxembourg.

Cette terrasse était ce jour-là si bien embrasée par le soleil, qu'ils durent au bout d'un instant gagner les abords de l'école des Mines, puis l'avenue de l'Observatoire pour se mettre à l'abri.

Maurice et Paul s'y rendirent tout en jetant du sable aux statues qu'ils rencontraient sur leur passage, ce qui leur valut de sévères réprimandes.

De l'avenue de l'Observatoire ils passèrent dans la partie faiblement vallonnée qui remplace la pépinière, et de là allèrent visiter la délicieuse retraite qui forme l'angle de la rue de Vaugirard du côté de la rue Madame.

On se dirigea ensuite vers l'unique point de la terrasse qui puisse encore servir de lieu de récréation à des enfants; car c'est presque seulement là qu'on a paru se souvenir, en remaniant ce jardin, du respect dû aux vieux arbres.

Charlotte et Paul cherchaient instinctivement s'ils ne trouveraient pas quelque visage de connaissance parmi les enfants qui se livraient là à leurs jeux et à leurs exercices habituels.

— Je ne vois pas une seule de mes amies, dit Charlotte.

— Ni moi non plus, dit Paul.

— Est-ce que nous sommes encore dans Paris, papa? demanda Marianna.

— Certainement, ma fille; nous sommes même dans le quartier le plus savant de la ville. C'est de ce côté de la Seine que se trouvent l'Observatoire, la Sorbonne, les Académies, les grands éditeurs et les grandes imprimeries... C'est à quelques pas d'ici que l'on publie le *Tour du Monde* et la *Bibliothèque rose*, dont la lecture te cause un si vif plaisir, sans parler d'une grande quantité d'autres livres remplis de belles images qui servent à votre instruction et à votre amusement.

— Vraiment, papa?

— Oui, ma fille, et c'est encore de ce côté que se trouvent les principaux colléges; Maurice y viendra certainement faire un jour ses études.

— J'aime mieux étudier aux Tuileries et au Jardin des Plantes; c'est bien plus amusant, dit Maurice.

— Nous causerons de cela plus tard, mon fils.

Nos promeneurs, se trouvant au pied d'un arbre entouré de chaises libres, s'étaient assis pour se reposer un moment.

La chaleur devenait de plus en plus étouffante.

— Qu'on est bien ici, dit Charlotte en s'essuyant le front.

— On est très-bien, répéta Maurice, qui quitta sa chaise pour s'étendre sur le sable où son ami Paul vint immédiatement le rejoindre.

— Voulez-vous vous relever! dit madame Leroy.

— Oh! ma tante.

— Mes enfants, cela n'est pas convenable.

— Oh ! ma tante... répéta Maurice d'un air suppliant.

Un marchand de *coco* (le coco, si quelqu'un de vous l'ignore, mes chers enfants, est une boisson faite avec du bois de réglisse, du citron et de l'eau), un marchand de coco, disons-nous, interrompit ce dialogue en agitant sa sonnette.

Le Luxembourg, plus hospitalier que les Tuileries, ouvre sa porte à ces utiles industriels.

— *Qui veut boire à la fraîche?* disait le marchand.

— Moi ! Moi ! Moi ! Moi !... s'écrièrent ensemble les enfants.

Madame Leroy hésitait, mais le marchand était si propre, ses robinets et ses gobelets si luisants, si fraîchement argentés, qu'elle lui fit un signe d'assentiment.

Le marchand saisit un gobelet, le rinça avec de l'eau bien claire, l'essuya avec une serviette très-propre, et l'emplit jusqu'aux bords.

Le petit Paul but le premier avec une satisfaction visible.

— C'est très-bon, dit-il.

Le marchand s'apprêtait à rincer le gobelet.

— Non, lui dit Maurice, je veux boire dans la timbale de Paul.

— Et nous aussi ! dirent les petites filles, ce sera plus gentil.

Tous burent donc au même gobelet avec un égal plaisir.

Les enfants s'étaient rassis.

Trois petites filles très-gentilles, d'une mise élégante, se tenant par la main, vinrent se placer devant nos petits promeneurs, et se mirent à les regarder en face, avec l'adorable naïveté qui caractérise le premier âge.

A leur tour Charlotte et Marianna les considérèrent en souriant.

L'une des fillettes dit alors :

— Voulez-vous jouer avec nous, Mesdemoiselles ?

Charlotte interrogea sa mère du regard.

— Oui, certainement, mes chères petites, dit madame Leroy, répondant elle-même à la question.

Puis elle ajouta, en s'adressant à sa fille et à sa nièce :

— Ne vous échauffez pas trop, mes enfants.

Maurice et Paul se joignirent aux petites filles.

On improvisa la plus belle partie de cache-cache qu'on puisse imaginer.

On s'amusait follement depuis une demie-heure, quand une pluie d'orage, accompagnée d'éclairs, vint tout à coup interrompre non-seulement le jeu des enfants, mais encore le concert militaire qui venait de commencer au pied de la terrasse.

Tout le monde se dispersa comme par un coup de baguette.

Beaucoup de personnes se hâtèrent de sortir du jardin, s'abritant les unes sous des parapluies, les autres sous des ombrelles.

Monsieur Fournier et madame Leroy, qui avaient remarqué à quelques pas de là deux kiosques parfaitement disposés pour servir d'abri, se réfugièrent en toute hâte avec les enfants sous celui qui conservait assez de place pour les recevoir tous.

Les incidents les plus désagréables se transforment en plaisir pour les enfants ! la grosse pluie, les éclairs, les coups de tonnerre leur arrachaient les exclamations les plus joyeuses. Jamais d'ailleurs ils ne s'étaient sentis si serrés, si foulés, en un mot si mal à l'aise, et c'était bien le moins qu'ils s'en divertissent complétement.

L'orage finit à leur grand regret, et ils purent regagner leur voiture qui se hâta de les ramener place de la Madeleine.

Paul avait à peine mis pied à terre qu'il courut au

concierge de la maison en lui criant de toutes ses forces :

— Dis donc, monsieur Baptiste, Charlotte a vu au Jardin des Plantes un grand singe qui te ressemble tout à fait.

Personne n'avait eu le temps d'empêcher Paul de dire une si grosse impertinence.

Madame Leroy en resta confuse au dernier point.

— Eh bien, eh bien ! monsieur Paul ! s'écria-t-elle.

Le père Baptiste, lui, riait à se tordre.

DOMINIQUE SERAPHIN
SERAPHIN
ROBERT-HOUDIN

CHAPITRE VII

SÉRAPHIN. — ROBERT-OUDIN

L'orage qui, la veille, assaillait nos promeneurs au jardin du Luxembourg, semblait avoir congédié le soleil. Le ciel était terne et la pluie tombait. Impossible de sortir, on pouvait tout au plus se hasarder à la fenêtre pour jouir de l'amusant spectacle de la population parisienne se démenant sous la pluie pour ne pas interrompre ses affaires.

Charlotte, Marianna, Maurice et Paul s'étaient résignés à cette distraction. Ils finissaient même par s'amuser beaucoup de l'effarement des uns, de la tranquillité des autres, de l'éternel mouvement des voitures publiques, des équipages de maîtres, des lourds fardiers et des simples charrettes, quand madame Leroy, suivie de monsieur Fournier, apporta une lettre à l'adresse de Marianna.

— La lettre de ma sœur ! s'écria-t-elle en devenant pourpre de plaisir.

Cette lettre, la première qu'elle recevait, lui apportait non-seulement des nouvelles de la Martinière, mais elle lui donnait encore des airs de grande personne, ce qui ne saurait être indifférent à une petite fille de neuf ans.

Elle se hâta de l'ouvrir et lut à haute voix :

« Ma chère Marianna,

« Avant tout je veux t'apprendre que grand'mère va beaucoup mieux, et que petite mère va toujours bien.

« Ta lettre m'a causé un très-vif plaisir, elle contient des choses si extraordinaires que je l'ai lue plus de dix fois...

Petite mère et grand'mère en ont pareillement été ravies.

« Grand'mère ne cessait de répéter :

— « Marianna est bien gentille de nous avoir écrit des « choses aussi intéressantes. »

« Paris doit être très-beau, et j'aurais beaucoup de chagrin de ne pas m'y trouver avec vous, si je n'étais restée ici pour soigner grand'mère qui est si bonne pour nous.

« La Martinière est toujours bien tranquille, on n'y entend guère que le chant des oiseaux, et de temps en temps le bruit du vent dans les arbres.

« Surveillant seul est très-inquiet. Depuis votre départ, il passe la matinée à vous chercher dans tous les coins du château, puis le pauvre animal désolé vient me regarder tristement dans les yeux comme pour me demander de vos nouvelles... Je le caresse alors en lui répétant que vous reviendrez prochainement, et il retourne à sa niche dont il ne sort plus le reste du jour, si ce n'est pour aboyer au facteur, soit qu'il entre au château, soit qu'il passe devant la grille. Il a toujours détesté ce pauvre homme. Maman dit que c'est à cause du gros bâton qu'il a constamment à la main ; je pense, moi, que c'est plutôt parce qu'il porte une blouse et parle du nez.

« En ce qui concerne Minet, tu diras à Maurice que l'ingrat ne pense pas plus à lui que s'il ne l'avait jamais connu ; il mange, boit, et fait ronron comme à l'ordinaire. La grande chaleur a encore augmenté sa paresse habituelle, et il y a des moments où il s'étend tellement à plat ventre qu'on le croirait mort.

« Il faut te dire aussi que la poulette blanche a pondu ce matin ses deux premiers œufs. Ils étaient encore tout chauds quand je les ai trouvés.

« Nos petits poulets grossissent à vue d'œil. La nouvelle vache continue d'être très-douce et de donner beaucoup de lait ; maman est fort contente de l'avoir achetée. Les pigeons vont aussi très-bien.

« Nous vous embrassons tous, papa, ma tante, Charlotte, toi, Maurice et le petit monsieur Paul dont tu nous parles dans ta lettre... Moi je te recommande de bien te rappeler les jolies choses que tu verras à Paris pour nous les raconter à ton retour, que j'attends impatiemment.

« Ah ! je dois t'annoncer aussi qu'on nous a envoyé de la ferme deux biquettes qui sont très-amusantes. L'une s'appelle Jeanne, l'autre Jeannette ; c'est moi qui les ai nommées.

« Je te prie de dire à papa que petite mère est très-satisfaite de mes devoirs... Tu lui diras aussi que j'ai fait le portrait d'un petit canard, et que je l'ai mis en couleur ; c'est très-gentil, tu verras.

« Je vous embrasse tous encore une fois.

« Ta sœur qui t'aime,

« CÉCILE. »

Cette lecture, on le pense bien, causa un vif plaisir à tout le monde. Nous disons tout le monde, car Maurice avait passé assez légèrement sur l'ingratitude de son chat...

Ne l'avait-il pas un peu oublié lui-même ?

Si Cécile avait lu dix fois la lettre de Marianna, Marianna ne pouvait assez relire la lettre de Cécile, tant elle y prenait de plaisir. C'est à peine si l'annonce du déjeuner parvint à l'en distraire. Enfin elle la serra précieusement dans la pochette de son tablier et se rendit à table.

Le repas terminé, madame Leroy décida qu'on irait en voiture au spectacle Séraphin, seule distraction que le mauvais temps leur permît.

Les enfants sautèrent de joie à cette heureuse nouvelle.

— Partons ! partons ! s'écria Maurice en s'élançant pour prendre son chapeau.

— Partons vite!... dit Marianna avec non moins d'animation.

— Partons vite!... répéta à son tour le petit Paul qui avait déjà gagné la porte de sortie.

— Chut! chut!... mes enfants, vous vous pressez beaucoup trop; il est à peine midi et demi, et le théâtre Séraphin ne commence sa représentation qu'à deux heures.

— A deux heures!... comme c'est ennuyeux, tante, dit Maurice.

— Mais non, cher neveu, vous allez passer au salon et vous asseoir bien gentiment tous les quatre; là, Charlotte vous lira une belle histoire pour vous distraire, en attendant que l'heure de partir soit venue.

— Oui! oui!... j'aime beaucoup les histoires, s'écria Marianna.

— Moi aussi, j'aime les histoires où il y a des coups de fusil, dit Maurice.

— Moi, j'aime les histoires où il y a des fées... et puis des chiens, ajouta le petit Paul.

— Justement!... je vais vous lire LA CHASSE DU PRINCE TRÉSOR, c'est très-amusant, dit Charlotte.

— Est-ce qu'il y a des coups de fusil? demanda Maurice.

— Beaucoup de coups de fusil, répondit Charlotte.

— Et des fées?

— Et des fées, et un chien, oui mon petit Paul.

Maurice et Paul exécutèrent deux ou trois cabrioles pour exprimer que leur satisfaction était au comble, ce qui, d'ailleurs, se lisait sur leurs visages.

Quelques minutes après, nos petits compagnons se trouvaient réunis au salon, et Charlotte, qui avait été prendre un livre dans sa bibliothèque, commençait à haute voix la lecture du conte suivant :

LA CHASSE DU PRINCE TRÉSOR

Il y avait une fois, non pas un roi et une reine, mais un obstiné chasseur, aussi maladroit qu'obstiné : on le nommait le prince Trésor. C'était un prince de bonne mine, d'assez d'esprit; il n'avait qu'un défaut, celui d'être le plus mauvais chasseur qu'on pût rencontrer à vingt lieues à la ronde. Il lui était arrivé un jour de tuer une vache en tirant une alouette.

— Oh, oh !... tuer une vache !... s'écrièrent Maurice et Paul, mis en gaieté par ce début.

Charlotte reprit :

La princesse Rondelette, sa femme, en riait devant lui sans le fâcher ; ses amis, les hauts seigneurs des environs, faisaient comme sa femme, et, lorsqu'il rentrait dans son château, sa dangereuse arquebuse sous le bras, sa carnassière vide, ses bottes crottées, il y était toujours reçu par les plus folles plaisanteries. Son principal valet, car il en avait jusqu'à trois, l'accompagnait toujours à la chasse, sous prétexte de rabattre le gibier. C'était un gros Flamand, aussi flegmatique qu'un Anglais, aussi mauvais tireur que son maître. Ils semblaient faits l'un pour l'autre ; Ils partaient ensemble, battaient la plaine et la forêt ensemble, manquaient leur gibier ensemble, et, bref, s'en consolaient ensemble; il n'y avait pas jusqu'à leur chien Rustaud qui ne fût favorisé de la même philosophie.

Cependant il arriva qu'un jour on piqua si bien au jeu le prince chasseur, qu'il donna sa parole de gentilhomme que pour cette fois il ne rentrerait pas chez lui sans rapporter de quoi pourvoir le garde-manger du château au moins pour une semaine. Ses amis avaient parié cent livres d'or qu'il ne pourrait mettre un si beau projet à exécution ; puis, comme s'ils avaient eu honte de lui gagner trop facilement son argent, ils offrirent en dernier lieu d'annuler une gageure qu'il devait perdre. Le prince Trésor n'en fut que plus ardent à la maintenir. Pourtant il n'était pas très-riche, et il n'eût pu fournir une si forte somme sans donner jusqu'à son dernier écu ; mais c'est l'ordinaire des gens dont l'amour-propre est surexcité d'agir avec imprudence.

Donc, notre homme repartit pour la chasse le lendemain au petit jour, deux heures plus tôt que de coutume. Une fois en route avec Lambinet, son domestique, ils commencèrent à chercher le moyen, non-seulement de conserver leur honneur, mais encore de ne pas mettre à sec le coffre-fort de la maison.

— Que mon prince, fit Lambinet, me permette de lui faire observer qu'il nous a mis là dans une position difficile.

— C'est vrai, c'est vrai, mon pauvre Lambinet, répliqua le prince Trésor en se grattant le menton ; mais, que veux-tu ? le vin est tiré, et il faut le boire, comme dit le proverbe.

— Oh ! s'il n'y avait que du vin à boire, j'en ferais bien mon affaire, répondit Lambinet.

— Oui, je connais tes habitudes ; par malheur, il s'agit de tuer force gibier, et c'est là le difficile.

— Si mon maître veut m'en croire, répondit Lambinet, nous aurons recours au vieux garde de la forêt de Saint-Germain ; ce sera l'affaire de quelques écus qu'il empochera, et de quelques coups d'arquebuse qu'il aura la complaisance de tirer à notre intention.

— Lambinet ! s'écria le prince, tu me conseilles là une chose déloyale, car j'ai parié de ne rapporter que du gibier tué par moi-même.

— Il sera tué sous vos ordres, et c'est tout à fait la même

chose. Ne dit-on pas qu'un roi a gagné une bataille, par cela seul qu'il s'est tenu à quelques lieues de là, regardant l'affaire par le trou de sa lorgnette ?

— Oui, certes, mais le cas est loin d'être le même.

— Sans doute, lorsqu'on y regarde de trop près. Néanmoins, si mon prince le permet, nous irons toujours trouver maître Bonaventure, et prendre son avis sur le meilleur chemin à suivre pour arriver aux garennes les plus giboyeuses.

— Soit, Lambinet, allons chez le vieux garde ; un bon avis ne saurait nuire.

Cela convenu, Lambinet, qui ne quittait guère sa pipe que pour se mettre au lit (c'était une mauvaise habitude que son maître tolérait), aspira deux énormes bouffées de tabac, et doubla le pas pour imiter le prince Trésor. Ceci se passait sous le roi Louis XIII, dans la capitainerie de Saint-Germain en Laye.

Nos deux chasseurs, qui avaient de bonnes raisons pour ne pas perdre de temps, se dirigeaient donc grand train vers la porte de Poissy, où demeurait maître Bonaventure. Celui-ci se mit à sourire, en apercevant le prince Trésor, le seul d'entre les seigneurs qui n'eût jamais fait le moindre tort au gibier dont il avait, lui, sa part de surveillance.

— Entrez, prince, fit-il joyeusement, et veuillez me faire l'honneur de prendre un siége. Mais vous voilà levé de bon matin ; le gibier en verra de belles aujourd'hui.

— Oh, oh ! fit le prince avec un air de modestie, la chasse est journalière, pas pour vous autres, qui êtes des gens habiles, mais je parle pour moi.

— Nous connaissons par cœur les habitudes du gibier, voilà toute notre malice, reprit le vieux garde.

— Vous avez beau dire, reprit insidieusement le prince Trésor, je donnerais beaucoup pour posséder le quart de votre science, maître Bonaventure.

— Si je puis vraiment enseigner quelque chose à Votre

Seigneurie, elle n'a qu'à parler, je suis tout à son service, répliqua le vieux garde d'un air malin.

— Vous pouvez beaucoup, maître Bonaventure, et si vous vouliez, par exemple, me dire de quel côté les lièvres et les faisans ont été se promener aujourd'hui...

— Rien de plus facile; vous n'avez qu'à suivre la Seine jusqu'au tiré de Fromainville, là-bas, entre Conflans Sainte-Honorine et la Frette, vous en trouverez par centaines. Vous n'aurez qu'à ajuster, et même cela ne sera pas nécessaire, car, si vous manquez les uns, vous tuerez infailliblement les autres.

— Y en a-t-il vraiment là une si grande abondance? demanda le prince, dont les yeux rayonnaient de plaisir.

— Aussi vrai que je l'affirme à Votre Seigneurie, répondit le garde en clignant de l'œil.

— Merci du renseignement, maître Bonaventure, répliqua le prince, tirant de sa poche deux écus d'or qu'il présenta au garde.

— Votre Seigneurie ne songe pas que nous ne pourrons jamais rapporter le gibier que nous allons forcément jeter par terre, dit Lambinet, qui ne se souciait dans aucun cas de revenir chargé comme un bœuf.

— Eh! mais, reprit gravement le prince, maître Bonaventure ne refusera pas de nous envoyer deux ou trois gars qui chargeront notre chasse sur leurs épaules.

— Mieux que cela, prince, j'irai moi-même avec mon bourriquet, à qui nous mettrons tout cela sur le dos.

— Très-bien. Viens, Lambinet, viens vite tailler de la besogne au baudet de maître Bonaventure.

Le vieux forestier les regarda partir, comme s'il eût considéré deux aveugles qui allaient infailliblement se casser le nez contre un mur. Puis il examina l'or qu'il venait de recevoir, en se disant :

— Allons, j'ai eu tort de me moquer d'un prince si généreux... Bah! reprit-il, j'irai le retrouver pour réparer ma faute, et je lui tuerai, chemin faisant, quelques pièces de fin gibier que je glisserai dans sa carnassière.

Nos deux chasseurs, suivis de leur chien, dont la queue frétillait tout en marchant, venaient enfin de pénétrer dans le taillis où ils devaient accomplir, selon la promesse de maître Bonaventure, de si merveilleux exploits.

— Attention, Lambinet, dit le prince Trésor, nous voici sur la terre promise... Va, décris un grand cercle pour m'envoyer quelques faisans... et toi, mon pauvre Rustaud, fais aussi ta besogne, car j'ai tout lieu de croire que ce jour comptera dans ton existence de chien.

— Oh, oh! son existence de chien, est-il drôle le prince Trésor, dit Maurice.

Charlotte lui fit signe de se taire, et continua de lire :

Le valet et le chien obéirent ; quant à leur maître, il arma son arquebuse, et se tint tout prêt à faire feu.

Un quart d'heure se passa de la sorte sans que rien parût. Le prince Trésor, qui n'avait pas lâché son arme un seul instant, se sentit un tel engourdissement dans le bras que force lui fut de la reposer à terre.

— Diable !... fit-il, il paraît que les lièvres dorment ce matin comme des loirs dans leurs terriers, et que les faisans les imitent de loin sur leurs branches. Allons, un peu de patience, ils se réveilleront tôt ou tard, car maître Bonaventure n'aurait pas osé m'induire en erreur. Et le prince, sur cette belle croyance, se remit en position, pendant que Lambinet continuait de battre les buissons, et Rustaud de fureter sur ses traces.

Un nouveau quart d'heure s'écoula sans que le plus petit quadrupède, sans que le plus infime volatile parût sous le rayon visuel de l'intrépide chasseur, qui laissa une seconde fois retomber son arquebuse, dont le poids lui semblait de plus en plus lourd.

— Cela ne va pas très-vite, dit-il en songeant qu'il pouvait s'être trompé de route. Cependant, ajouta-t-il en s'orientant, me voici bien dans le tiré qui est à la hauteur de Conflans, dont voici la tour carrée, et voilà bien là-bas les cabanes des pêcheurs de la Frette... Avançons un peu plus, il n'est pas impossible que tout ce gibier ait été faire une course de quelques centaines de toises pour se mettre en appétit.

Le prince se hâta dès lors de héler son valet, qui lui répondit par des signes de détresse.

— Marchons toujours, mon pauvre Lambinet, lui cria son maître.

Lambinet se remit en marche ; mais il avait beau fouiller tous les buissons éparpillés sur son passage, il ne découvrait rien, absolument rien.

De son côté, le prince Trésor, qui venait de s'enrhumer,

éternuait depuis quelques minutes avec un bruit de tonnerre, et ne pouvait plus guère maintenir son arme, qui éternuait en quelque sorte avec lui.

— Bête de rhume ! murmura-t-il, du diable si je ne vais pas mettre tous les lapins en fuite à deux lieues à la ronde ; c'est le froid de la rivière qui vient de me jouer ce mauvais tour, il ne me manquait plus que ce désagrément.

Son médecin, un homme très-savant, il y en a, lui avait souvent dit que le meilleur moyen de couper court à un rhume de cerveau qui débute était de se boucher hermétiquement les narines.

Il prit donc son foulard et son nez d'une main, son arquebuse de l'autre, et poursuivit son entreprise contre le gibier royal.

Lambinet, qui le vit de loin dans cette posture singulière, crut qu'il saignait du nez par suite d'un accident, et s'empressa d'accourir pour lui porter secours ; Rustaud prit le parti de suivre Lambinet, de telle sorte que nos trois compagnons furent réunis en un instant. Mais, chose inouïe, ils ne se trouvèrent pas plutôt face à face, qu'ils éternuèrent tous trois d'une manière si formidable et pendant si longtemps, qu'un vieux pêcheur, qui jetait son épervier au milieu de la Seine, faillit tomber à l'eau au bruit qui en résulta.

— En voilà des enrhumés ! s'écria le petit Paul.

— Chut ! dit Charlotte.

La petite fille poursuivit :

— Il y a du sortilége là dedans ! s'écria le prince Trésor dès qu'il parvint à reprendre sa respiration, car je n'ai jamais vu éternuer de la sorte. Et, regardant au-dessus de sa tête, il s'aperçut qu'ils étaient tous trois sous un arbre où l'on disait à voix basse que les fées du voisinage venaient tenir conseil dans les grandes occasions.

— L'arbre des fées ! s'écria-t-il tout à coup.

— L'arbre des fées! répéta Lambinet en reculant de quelques pas, les yeux levés vers le sommet du chêne. Rustaud, qui avait l'habitude de répéter tous les mouvements de son conducteur, recula immédiatement à la même distance.

Le prince Trésor avait fini par se débarrasser de l'étui qu'il avait mis à son illustre nez; il eut alors une inspiration subite, et s'écria tout d'une haleine :

— Fées secourables, ne nous punissez pas davantage d'avoir involontairement violé le sanctuaire de vos doctes délibérations, et permettez au plus humble de vos serviteurs de faire bonne chasse une fois dans sa vie...

Il avait à peine achevé son invocation, qu'une symphonie délicieuse, qui semblait sortir de l'arbre des fées, se fit entendre, et qu'un nombre incalculable de lièvres, de lapins, de lapereaux et de faisans se mirent à sauter et à voler autour de lui, à portée d'arquebuse, et comme retenus par un filet invisible.

Nos deux personnages et leur chien restèrent comme en extase pendant quelques minutes devant un spectacle si nouveau pour eux. Enfin, le prince, comprenant qu'il fallait se hâter de profiter de la bonne disposition des fées de la forêt, tira sur un gros lièvre qui avait, il faut le dire, un peu l'air de le défier.

Le lièvre tomba comme foudroyé, puis ce fut le tour d'un autre, puis d'un faisan, de deux faisans, et enfin d'une quantité considérable de menu gibier, c'est-à-dire de cailles, de bécasses et de perdrix.

Le plus extraordinaire, c'est que l'arquebuse ratait souvent ou faisait long feu sans bénéficier à l'animal mis en joue, qui tombait mort avec une véritable conscience. Lambinet et Rustaud n'avaient jamais fait une pareille besogne; ils couraient l'un et l'autre après les pièces abattues, pour les réunir en un tas qui grossissait de minute en minute, car il arrivait encore souvent à l'enragé chasseur de faire coup double. C'était un miracle qu'ils ne fussent tués ni l'un ni l'autre en passant sous le feu du prince, enivré, fou d'une pareille réussite.

Le carnage cessa par cause majeure : il n'y avait plus rien à tuer dans cette partie de la forêt. Ce fut à ce moment que maître Bonaventure, pour remplir sa promesse, arriva avec son bourriquet, tout en riant sous cape de la mystification qu'il avait préparée au prince Trésor. Il resta stupéfait en apercevant la pyramide de petits animaux qui s'offrit à sa vue, et autour de laquelle le prince, Lambinet et Rustaud dansaient alors comme des sauvages autour d'un ennemi à la broche.

Le vieux garde n'y pouvait rien comprendre, et caressait les oreilles de son baudet, pour se donner une contenance.

Le prince dit alors, tout en jouissant de la surprise de maître Bonaventure:

— Vous vous demandez maintenant si votre bourriquet va pouvoir emporter tout cela jusqu'à mon château.

— Je l'espère, Monseigneur, soupira enfin le vieux forestier. Mais, c'est égal, il y a longtemps que je n'ai vu une chasse pareille.

L'espoir du garde se réalisa, et, deux heures plus tard, le baudet, pliant sous le faix, fit une entrée triomphante au manoir du prince Trésor.

Les amis du prince, qui attendaient son retour avec une impatience pleine de malice, restèrent on ne saurait plus étonnés devant un pareil résultat.

Le prince fit aussitôt déposer le produit de sa chasse merveilleuse dans la cour d'honneur, et donna un large pourboire au garde, qui remmena son bourriquet.

Le amis du chasseur le complimentèrent alors sur son adresse, et vinrent examiner toutes les pièces qui gisaient confondues sur le sol. C'était un ravissement qui augmentait à chaque découverte d'un gibier rare.

Mais, ô prodige! tout à coup lièvres, perdrix, faisans, etc., se dressèrent au milieu de leurs admirateurs, et se mirent à courir et à voler dans tous les sens avec une si grande rapidité et une telle confusion, que les spectateurs de cette scène bizarre reculèrent épouvantés. Le prince Trésor, devenu très-pâle, fut contraint, pour ne pas choir sur la princesse sa femme, de s'adosser à un gros arbre qui occupait

le centre de la cour. En quelques secondes, tout le gibier eut disparu comme par enchantement. Il se fit d'abord un grand silence; puis les rires, d'abord étouffés, éclatèrent bientôt avec tant de franchise, que le prince Trésor et la princesse Rondelette n'y purent résister à leur tour, et que l'hilarité devint générale.

— Prince Trésor, dit alors une voix qui paraissait sortir du sommet de l'arbre qui couvrait le chasseur de son ombre, tu avais abusé des bonnes grâces de la fée des Bruyères pour détruire tout le gibier placé sous sa protection, au lieu de te contenter de ce qui t'était strictement nécessaire, j'ai rendu la vie à ces pauvres victimes... Que cela te serve d'enseignement, et t'apprenne deux choses utiles à savoir :

La première, c'est qu'un homme ne doit jamais s'engager à accomplir ce qui est au-dessus de ses forces;

La seconde, qu'il est imprudent d'abuser des meilleures choses.

Et, ce disant, la fée des Bruyères, d'abord invisible, se montra un moment pour disparaître ensuite aux yeux de tous dans une flamme brillante qui se perdit bientôt au-dessus des tourelles du château.

. . . .

Les enfants riaient encore des mésaventures du prince Trésor, quand madame Leroy vint leur annoncer qu'il était temps enfin de se rendre au théâtre Séraphin.

Cet avis fut reçu avec un si grand enthousiasme, que nos petits amis furent coiffés et gantés en deux minutes.

Puis, comme le domestique avait déjà ouvert la porte de sortie, le petit Paul s'écria, en s'élançant dehors :

— C'est moi qui monterai le premier dans la voiture.

— Non ! c'est moi ! lui avait répondu Maurice, et il s'était précipité sur ses traces.

Tous deux dégringolaient l'escalier avec une vitesse à faire frémir.

— Maurice ! Paul! voulez-vous bien vous arrêter ! vous allez tomber! criait madame Leroy.

— Mais bah! les petits bonshommes étaient déjà dans la cour.

Quelques minutes plus tard, les quatre enfants, en compagnie de monsieur Fournier et de madame Leroy, se pressaient joyeusement dans la voiture qui allait les conduire au charmant petit théâtre du boulevard Montmartre.

Séraphin donne deux représentations certains jours de

la semaine ; la première, nous l'avons dit, à deux heures de l'après-midi ; la seconde à huit heures du soir.

On avait choisi la première pour plus de commodité.

La petite salle où l'on jouait ce jour-là, comme pièce de résistance, FATAL et FORTUNÉ, était comble.

Ses trois cents places avaient été prises d'assaut par les petits habitués des Tuileries empêchés ce jour-là dans leur promenade ordinaire.

Les plus jolies petites têtes brunes et blondes semblaient s'y être donné rendez-vous.

Une grande animation régnait parmi les jeunes spectateurs qui se trémoussaient à leur place en mangeant des gâteaux ou en suçant des sucres d'orge, ce qui n'empêchait pas la plupart d'entre eux de jacasser comme des pies, d'échanger des *bonjour* à distance, de se saluer amicalement de la main.

Marianna et Maurice ouvraient de grands yeux.

Ils n'avaient vu encore que les théâtres en plein vent des Champs-Élysées, et la jolie petite salle de Séraphin leur causait un étonnement qu'ils ne purent longtemps contenir :

— C'est beau ici !... dit Maurice.

— Oui, et l'on est très-bien assis dans ces fauteuils de velours rouge, ajouta Marianna.

— Mais pourquoi allumer des lampes en plein jour ? reprit Maurice.

— Mon enfant, c'est parce qu'il ne fait jamais assez clair, même en plein jour, dans un vrai théâtre, et d'ailleurs une salle de spectacle est beaucoup plus gaie à la lumière artificielle qu'elle ne le serait, éclairée par le soleil.

— Oui, c'est très-gai, répliqua Marianna.

— Et très-gentil, ajouta Maurice.

En ce moment une jeune personne, assise au piano qui compose tout l'orchestre de Séraphin, se mit à jouer un prélude de haute fantaisie.

— De la musique !... s'écria Maurice surpris.

— Est-ce qu'on va jouer tout de suite FATAL et FORTUNÉ ?... demanda Marianna à Charlotte...

— Non... tu vas voir... tiens, voilà le rideau qui se lève.

Un beau Polichinelle, proprement ajusté au bout d'un fil, se mit aussitôt à danser la Sabotière.

Un pantin qui n'aurait pas deux bosses bien marquées, l'une par-devant, l'autre par-derrière, et qui ne danserait pas la Sabotière, ne serait pas un vrai Polichinelle.

Celui-là était un Polichinelle au grand complet, et de plus un Polichinelle de distinction, un grand seigneur de Polichinelle, car son chapeau, son justaucorps et sa culotte, étaient brodés en or fin... Il avait avec cela des airs galants qui sentaient l'ancienne cour d'une lieue.

Seuls, ses sabots étaient en bois ordinaire, simplement recouverts sur le cou-de-pied d'un petit carré de peau de mouton.

Il est peut-être bon de mentionner ici qu'un Polichinelle, fût-il dix fois gentilhomme et dix fois millionnaire, ne saurait porter une autre chaussure.

Les sabots de hêtre ou de noyer sont une particularité, ou, pour mieux dire, une obligation de son état.

Maurice s'écria tout à coup au milieu des rires provoqués par les gambades du brillant pantin :

— Le beau Polichinelle !

Le Polichinelle salua poliment pour le remercier de cet éloge.

— Oh, oh ! s'écria de nouveau Maurice.

Un tout petit Turc, à tête énorme, venait de faire son apparition. Il arrivait à peine à la hanche de Polichinelle qui s'arrêta court pour le regarder avec inquiétude. O prodige ! le Turc se mit à danser à son tour, changeant de taille à volonté : il se faisait grand et petit dans la même seconde... si bien que Polichinelle en devint jaloux et essaya de le

SERAPHIN

battre. Mais le Turc très-avisé se baissait à chaque coup de sabot qui lui passait alors par-dessus la tête.

Enfin Turc et Polichinelle disparurent.

Une bonne femme en costume historique surgit tout à coup, et commença à se démener des bras et des jambes d'une façon si peu mesurée, qu'un de ses bras tomba à terre.

— Elle s'est cassé le bras ! criait Maurice.

Puis il resta bouche béante en s'apercevant que ce bras s'était subitement transformé en un petit garçon qui se hâta de danser à côté de sa mère.

— C'est bien étonnant !.. disait Marianna.

Tout à coup le second bras se détacha comme le premier, et produisit un autre petit garçon non moins frétillant que son frère... Ce n'était pas tout, car immédiatement la bonne femme, restée sans bras, se changea en un ballon orné d'une petite nacelle où ses deux enfants montèrent sans hésitation pour s'élever dans les nuages.

La mère Gigogne vint après.

A peine en scène, elle ouvrit ses vastes jupons pour livrer passage à une vingtaine de marmots assortis qui, évidemment, l'embarrassaient dans sa marche.

La mère et les enfants commencèrent alors une ronde insensée qui ne cessa qu'au retour de Polichinelle.

Elle le prévint sans plus tarder qu'elle était venue avec tous ses galopins pour lui demander à dîner, sans façon.

— Fort bien ! fort bien ! répond Polichinelle.

Et il se met à siffler.

Douze marmitons, des grands et des petits, arrivent à l'appel de Polichinelle.

— Que désire monsieur ? dit le chef de la bande en s'inclinant très-bas.

— Chef ! répond Polichinelle, j'ai madame Gigogne

et sa petite famille à dîner, en tout vingt et une personnes... Vous réunirez toutes les croûtes de pain pour en faire une excellente panade à la graisse; vous allongerez un peu la sauce du miroton auquel vous joindrez quelques carottes... Puis vous nous ferez deux boisseaux de pommes de terre frites pour le dessert... Allez !

Le chef salua humblement et défila avec ses aides.

Toute la famille Gigogne sauta d'aise à l'audition d'un si beau menu.

Les marmitons partis, Polichinelle offrit galamment le bras à la mère Gigogne en disant :

— Madame, et vous la marmaille, allons toujours nous mettre à table et boire un coup en attendant le dîner.

Quatre sauvages tout couverts de poils roux bondirent à leur tour sur le théâtre où ils se livrèrent à une danse de leur pays ; mais une danse si désordonnée, que leurs têtes et leurs pieds frappaient ensemble sur le plancher...

Leur succès fut immense... et mérité. Vint ensuite un amour de petit arlequin qui dansa fort gentiment.

L'arlequin fut suivi du voltigeur mécanique.

Ce roi des pantins, aussi à l'aise sur sa corde qu'un oiseau dans l'espace, y exécute tous les tours d'un saltimbanque consommé, sans qu'il soit possible de savoir à quel moteur il obéit.

Ce phénomène de petit sauteur termina ce qu'on appelle le divertissement.

Quelques minutes plus tard, la toile se relevait pour la représentation de

FATAL ET FORTUNÉ

PIÈCE EN DEUX ACTES ET EN QUATRE TABLEAUX.

Le théâtre représente la forêt des Soucis, à droite un banc de terre gazonné et une cabane de bûcheron.

La fée Sincère, en robe de soie bleu-céleste, une étoile

d'or au front, une baguette à la main, descend des nuages dans un char resplendissant de lumière, et raconte aux petits garçons et aux petites filles que les princes Fatal et Fortuné sont deux frères jumeaux.

Le prince Fatal a été condamné par elle (mais simplement pour lui former le caractère) à être malheureux jusqu'à l'âge de vingt-cinq ans.

En revanche, la fée Violente, trop fortement sollicitée par la mère des deux princes, a favorisé Fortuné du don de réussir dans tout ce qu'il voudrait faire, mais seulement jusqu'à sa vingt-cinquième année.

Le prince Fatal portant malheur à ceux qui l'approchent a eu tous les chagrins imaginables.

Détesté de ses parents, tour à tour abandonné par ses nourrices, maltraité par son frère, battu par ses maîtres, il a été contraint de se réfugier dans la forêt des Soucis où il s'est fait bûcheron.

Fortuné, lui, idolâtré par son père et sa mère, est devenu un mauvais enfant, puis un roi insupportable! Méchant, ignorant, volontaire, il est craint en même temps que haï par tout le monde... Ses sujets qu'il accable d'impôts, qu'il vexe continuellement, qu'il ruine de cent manières, voudraient le voir au diable, et la fée Sincère trouve elle-même qu'il est temps de l'y envoyer.

Le prince Fatal vêtu en bûcheron, et portant une hache à sa ceinture, paraît alors.

Interrogé par la fée, il lui répond poliment qu'après avoir beaucoup souffert, il s'est caché dans la forêt des Soucis où il vit péniblement de son travail au milieu des bêtes féroces, ce qui lui compose une société assez désagréable ; mais enfin il se résigne à son sort.

— Ton sort va changer, répond la fée. Tu épouseras dans peu la princesse Gracieuse, et tu monteras avec elle sur le trône qui t'appartient comme fils aîné du feu roi.

Après ces paroles, la fée Sincère se rassied dans son char et disparaît.

Le prince Fatal se dit que bien certainement la fée a voulu se moquer de lui, et il va pour reprendre son travail habituel, quand arrive le roi Maussade.

Ce monarque, de bonne mine, porte une jaquette et une culotte de velours rouge galonnées d'or. — Son épée en forme de latte lui colle sur le flanc gauche.

Le prince Fatal fait une révérence au monarque.

— Mon garçon, lui dit le roi, j'ai quitté mon royaume qu'on appelle assez justement *l'Ile de l'ennui*, pour chasser dans cette forêt, où je me suis égaré... Ne pourrais-tu me remettre dans mon chemin ?

— Sire, rien de plus aisé, répond Fatal.

— C'est bien, mon ami, mais voici un banc de gazon où je voudrais d'abord me reposer un peu.

Le roi, qui, en disant cela, s'est laissé tomber comme un bloc sur le banc, fait immédiatement un bond pour se remettre sur les jambes, tout en criant :

— Saperlipopette ! je suis mordu.

Au simple contact du roi Maussade le banc s'est changé en un dragon qui s'envole en lui faisant une horrible grimace.

— Saperlipopette ! quel monstre affreux ! reprend le roi épouvanté, et tout en portant la main à sa royale culotte ; maudit bûcheron ! ne pouvais-tu me prévenir ?

— Pardon, sire, j'avais oublié que je me nomme Fatal et que je porte malheur, même à ceux que je voudrais servir avec le plus de dévouement.

Le roi Maussade se calme alors.

— Bah ! reprit-il, après tout cette morsure est très-peu de chose... Voyons, indique-moi mon chemin, car il me revient à l'esprit que, tout à l'heure, j'ai perdu en route ma fille la princesse Gracieuse.

— La princesse Gracieuse ! celle que je dois épouser, se dit à part le prince Fatal.

Puis il répond tout haut :

— Sire, c'est directement de ce côté qu'est situé votre royaume ; je vais, si vous me le permettez, vous faire un petit bout de conduite.

— Très-bien, je te le permets, dit le roi Maussade...

Et tous deux s'éloignent ensemble.

La princesse Gracieuse et sa suivante Mignonnette se présentent à leur tour. Elles se sont égarées dans la forêt et cherchent le roi Maussade.

L'inquiétude de Gracieuse est fort grande.

— Calmez-vous, princesse, nous le retrouverons, lui dit Mignonnette en arrangeant les plis de sa robe couleur abricot.

— Ah ! Mignonnette. Je crains que le roi mon père n'ait été mangé par une *grosse bête*.

— Quelle idée ! Princesse... Dans tous les cas ça l'aurait guéri de son éternel ennui.

— Mignonnette, peux-tu plaisanter sur un pareil sujet... réplique Gracieuse.

Le prince Fatal revient en ce moment et reste tout ébaubi en apercevant la belle robe bleue de la princesse.

— Brave homme, lui dit celle-ci avec empressement, je suis la princesse Gracieuse, la fille du roi Maussade, je cours après mon père que j'ai perdu dans la forêt des Soucis ; ne l'auriez vous point rencontré en faisant votre ouvrage ?

— Princesse, je le quitte à l'instant ; il est à peine à un quart de lieue. Tenez, le voyez vous là-bas qui trotte comme un lapin ! répond Fatal en se retournant.

— Gracieuse et Mignonnette, au lieu de remercier Fatal de cet utile renseignement, poussent tout à coup un effroyable cri :

Deux ours, un noir et un blanc, se sont jetés sur elles pour les dévorer.

Fatal s'élance comme un trait, parle aux ours qui sont ses amis intimes, et les décide à lâcher prise.

Gracieuse et Mignonnette sont sauvées.

Le roi Maussade, qui n'a pas plus de tête qu'un poulet, s'est perdu de nouveau, et se retrouve une seconde fois devant la cabane du prince Fatal.

Il aperçoit du même coup d'œil, Fatal, Gracieuse, Mignonnette, et en plus les deux ours qui détalent, convaincus qu'il n'y a rien à frire pour eux avec tous ces gens-là.

Le roi Maussade court se jeter dans les bras de sa fille.

La fée Sincère choisit ce moment pour leur descendre sur la tête avec son char... Maussade, qui s'en aperçoit à temps, fait un bond de côté en entraînant la princesse.

— Roi Maussade, lui dit la fée, ce bûcheron est le prince Fatal, le frère aîné du roi Fortuné, de celui enfin qui recherche la main de ta fille.

Ce n'est point Fortuné, mais bien Fatal qui doit épouser la princesse Gracieuse.

Vous allez donc vous rendre tous ensemble au palais de Fortuné et le contraindre d'en sortir avec trois chemises pour tout bagage.

— Partons! s'écrie le roi Maussade.

Le premier tableau finit sur cette belle parole.

Deuxième tableau.

LE PALAIS DU ROI FORTUNÉ

Le roi est seul dans son palais où il se fait un silence à entendre trotter des souris. Fortuné qui s'est levé tout à coup se lamente considérablement. Ses domestiques l'ont abandonné les uns après les autres... Le malheureux pressent qu'il sera bientôt forcé de cirer ses bottes et de faire sa cuisine lui-même; deux choses qui compromettraient quelque peu la majesté de sa personne.

Puis il ajoute, avec plus de tristesse encore, que ses sujets mécontents de sa politique sortent de ses États *deux par deux*.

Cela dit, il rentre dans son cabinet de toilette, dans l'intention de se faire la barbe et de passer un habit somptueux pour se consoler du mauvais état de ses affaires.

Le roi Maussade, qui s'est mis en omnibus avec toute sa famille pour se rendre plus vite aux ordres de la fée Sincère, fait son entrée en ce moment. Il a laissé Gracieuse, Fatal, et Mignonnette au pied de l'escalier, afin de juger personnellement de l'état des choses.

— Saperlipopette! s'écrie-t-il, il n'y a pas le plus maigre chambellan, pas le plus petit *groom* pour me recevoir.

Voilà un palais bien mal tenu!

En jetant les yeux autour de lui, il aperçoit çà et là des objets en or, des curiosités de grand prix.

— Saperlipopette! dit-il, j'en emplirais bien mes poches, et il fait un pas en avant pour donner suite à cette mauvaise pensée.

Par bonheur Fortuné survient dans un costume éclatant de pierreries.

Les deux rois se disent bonjour.

— Ah! ah! vous voilà beau-père! s'écrie Fortuné.

— Pas si beau-père que ça! se dit à part le roi Maussade.

— Mais je ne vois pas la princesse Gracieuse, reprend Fortuné.

— C'est bon, vous la verrez tout à l'heure, répond le roi Maussade; mais d'abord il ne faut pas oublier que je suis un grand roi, moi, que je fais mes douze repas par jour!

— Douze repas! oh! oh! s'écria Maurice.

— Ah! ah! vous avez faim! reprend Fortuné.

— J'ai toujours faim, moi, répond fièrement le roi Maussade.

— Il est comme Paul, fit observer Charlotte.

Fortuné, qui n'a plus le moindre marmiton à son service, est très-embarrassé; seulement il ne veut pas le dire.

— Sire, nous allons voir à vous satisfaire, répond-il enfin d'un air soucieux.

— Nous allons voir ! nous allons voir! pendant ce temps-là je mourrai de faim. Saperlipopette ! ça ne se passera pas ainsi, et d'abord, mon gendre, vous n'aurez pas ma fille !

— Je n'aurai pas la princesse Gracieuse ! s'écrie Fortuné en fureur.

— Non ! et, qui plus est, je te prendrai ton royaume.

— Vous me prendrez mon royaume ! répète Fortuné avec des haut-le-corps très-significatifs.

— Je suis venu exprès pour ça ! riposte le roi Maussade en prenant un siége.

— Sois donc mon prisonnier ! !

Et Fortuné, grâce à un ressort qu'il tient dans sa main, fait descendre du plafond une cage de fer qui rend le roi captif.

— Saperlipopette ! s'écrie Maussade en tournant comme un toton dans sa cage.

— C'est comme un lion du Jardin des Plantes ! dit Maurice.

— Te voilà pris, mon gaillard, reprend Fortuné en se frottant les mains.

Un grand bruit se fait entendre.

La fée Sincère, suivie de Fatal, de Gracieuse et de Mignonnette, reparaît sa grande baguette à la main.

Fatal a revêtu les habits d'un roi très-comme il faut.

Il porte une épée semblable à celle de son frère.

La fée Sincère fait un geste, et la cage de fer où le roi Maussade continuait de se promener en rond remonte à sa place.

Puis, s'adressant à Fortuné qui paraît désagréablement surpris de sa visite, elle lui dit de sa voix la plus claire :

— Fortuné, tu es un mauvais roi !

— Il y en a beaucoup d'autres! répond insolemment Fortuné.

— Ce n'est pas une raison, réplique la fée, et je t'annonce que ton règne est fini.

D'abord tu as usurpé le trône de ton frère aîné, le prince Fatal que voici, et tu vas le lui rendre tout de suite.

— Jamais! jamais! repond Fortuné qui écoutait la fée avec des mouvements convulsifs.

— Jamais! répète la fée d'un air terrible.

— Eh bien, si! reprend Fortuné qui réfléchit tout à coup qu'il fera mieux d'employer la ruse pour se tirer de ce mauvais pas.

— A la bonne heure! Maintenant fais-nous visiter ce palais.

— Volontiers... et, puisqu'il en est ainsi, examinez d'abord cette galerie.

Tout le monde examine.

— La trouvez-vous belle, princesse Gracieuse, demande Fortuné d'un air galant.

— Il me serait difficile d'y trouver à redire, répond naïvement Gracieuse.

— Allons voir le reste, reprend Fortuné.

— J'ai bien faim, se dit le roi Maussade.

— Et moi aussi, fit le petit Paul, en quelque sorte à son insu.

Troisième tableau.

Le prince Fortuné, qui est un vilain monsieur, a conduit ses hôtes dans les jardins de son palais dont tous les fruits et toutes les fleurs sont empoisonnés.

Il a poussé la scélératesse jusqu'à y dresser de ses propres mains une table dont les mets sont empoisonnés comme le reste.

Le roi Maussade est en retard au moins de six repas,

il n'a pas plutôt aperçu cette table servie, qu'il s'élance de ce côté, la bouche ouverte et les mâchoires frémissantes.

Dans la même seconde, le prince Fatal et la princesse Gracieuse se dirigent vers un buisson de roses.

Mais la fée Sincère est là, invisible, qui veille sur ses protégés comme une chatte sur ses petits.

Le pâté, le poisson, les fruits et le fromage s'envolent à mesure que le roi Maussade veut y porter la main.

Saperlipopette ! s'écrie l'affamé monarque à chaque nouvelle déception.

Quant au buisson de roses, il se change, à l'approche des deux fiancés, en un gouffre noir où le criminel Fortuné est englouti, séance tenante, malgré ses vives réclamations.

Le voilà enfin puni de son odieuse conduite.

Quatrième et dernier tableau.

La scène représente le palais d'azur qui appartient à la fée Sincère. Elle a décidé que le mariage du prince Fatal et de la princesse Gracieuse aurait lieu dans ce palais si beau, si merveilleux, qu'on le prendrait pour un coin du paradis.

Ce mariage célébré au milieu des danses, des divertissements et des feux de Bengale les plus éclatants, la fée Sincère prodigue ses excellents conseils aux jeunes époux, et les renvoie dans leur domicile où de fidèles serviteurs, marmitons en tête, viennent les recevoir avec des cris d'enthousiasme.

— J'espère que je vais enfin manger à mon appétit, se dit le roi Maussade en passant la main sur son pourpoint, lequel commençait à lui devenir trop large.

. . . .

Après cette belle pièce qui fut applaudie à outrance par tous les spectateurs indistinctement, la nuit se fit tout à coup dans la salle.

Maurice poussa un cri de frayeur.

— Tais-toi donc, lui dit Charlotte, tu vas voir le *Pont-Cassé*, c'est une petite pièce très-amusante.

— Oui, mais moi j'ai peur.

— Poltron ! lui dit son père.

Le milieu de la toile s'éclaira... et l'on vit alors fort distinctement une jolie rivière bordée de roseaux, et qu'une ribambelle de canards traversaient en silence.

— Les jolis petits canetons ! s'écria Marianna.

— Et comme ils marchent bien à la file, ajouta Charlotte.

— Tiens ! s'écria Maurice, voilà un petit bateau qui passe avec deux hommes et un chien... Oh ! oh ! le chien qui aboie. C'est un chien de chasse, vois-tu, son maître a un fusil... Oh ! il a aperçu un canard qui est en l'air, et il va le tuer... il va faire *pif paf* sur lui.

Maurice avait des frémissements d'impatience.

Le coup de feu partit, et le canard tomba.

Maurice battit des mains.

— Oh ! oh ! Voilà le chien qui va chercher le canard qui est tombé dans l'eau, dit-il.

Le chasseur traversa de nouveau la rivière en disant à son passeur :

— Conduis-moi à l'auberge du Pont-Cassé où nous allons manger ce canard accommodé aux petits oignons et aux pommes de terre frites.

Le décor change immédiatement.

Il représente un autre point de la rivière coupé par un pont dont l'arche du milieu est entièrement détruite.

Jean, une pioche sur l'épaule, arrive sur le pont par la gauche en disant :

Ah ! Ah !.. la matinée est fraîche et belle *à ce matin ;* j'vas en profiter pour me mettre à travailler à ce pont, en chantant ma petite chansonnette.

(*Il chante.*)

Tra la la la la la laire,
Lire lire lire, laire laire laire,
Tra la la la la la laire,
Lire lon fa.

Un Gascon arrive sur le pont, du côté opposé, en disant :

— On. m'a assuré que quand je serais près du pont, je ne serais pas loin de la rivière...

(*Il s'arrête tout à coup.*)

Tiens ! comment se fait-il donc que ce pont soit cassé ? Eh ! justement, j'aperçois là-bas un petit bonhomme qui pourra peut-être m'enseigner le chemin qui conduit à la ville.

(*Appelant.*)

—Eh! l'ami ?

JEAN, *se redressant* : Eh ! Monsieur ?

LE GASCON. Fais-moi, je te prie, le plaisir de m'enseigner le chemin qui conduit à la ville.

JEAN. C'est facile, Monsieur.

(*Chantant.*)

Tous les chemins vont à la ville,
Lire lire lire,
Laire laire laire.
Est-ce que vous n'savez pas ça ?
Lire lon fa.

LE GASCON. Parbleu ! je sais bien que tout chemin mène à la ville ; mais c'est le plus court que je te demandais... Dis-moi donc, eh ! l'ami ?

JEAN. Eh ! Monsieur ?

LE GASCON. Ne pourrais-je pas passer la rivière?

JEAN. La rivière ?

(*Chantant.*)

Les canards l'ont bien passée,
Lire lire lire,
Laire laire laire.
Pourquoi n'passeriez vous pas ?
Lire lon fa.

LE GASCON. Dis donc, petit drôle, est-ce que par hasard tu me prendrais pour un canard?

JEAN. Ah! non, Monsieur.

LE GASCON. Anon toi-même, entends-tu ?

JEAN. J'vous laissons bien là-bas, de l'autre côté du pont, pour un bel et gros dindon.

LE GASCON. Ce petit drôle-là! Cependant, comme je suis pressé, si la rivière n'était pas trop profonde, je pourrais peut-être la traverser; il faut que je le lui demande. Eh! l'ami ?

JEAN. Eh! Monsieur ?

LE GASCON. La rivière est-elle profonde, mon petit?

JEAN. Comme partout ailleurs.

(*Chantant.*)

Les cailloux touchent la terre,
Lire lire lire,
Laire laire laire.
Ne pouvant aller plus bas
Lire lon fa.

LE GASCON. Il est malin, ce petit bonhomme. Mais j'aperçois une maison là-bas, je crois que c'est une auberge; il faut que je m'en informe. Eh! l'ami ?

JEAN. Eh! Monsieur ?

LE GASCON. A qui cette belle maison que j'aperçois là-bas, derrière ton dos ?

JEAN. A qui elle appartient ?

LE GASCON. Sans doute.

JEAN. Eh bien, Monsieur,

(*Chantant.*)

Elle appartient à son maître,
Lire lire lire,
Laire laire laire.
C'est toujours comme cela,
Lire lon fa.

LE GASCON. Eh ! *Sandis ! Cadédis !* je sais bien qu'une maison appartient à son maître !.. Mais, dis donc, eh ! l'ami ?

JEAN. Eh! Monsieur ?

LE GASCON. Vend-on du vin dans cette maison ?

JEAN. Si on en vend !

(*Chantant.*)

On en vend plus qu'on n'en donne,
Lire lire lire,
Laire laire laire.
Les marchands sont tous comme ça,
Lire lon fa.

LE GASCON. Définitivement, je crois que ce petit drôle se moque de moi ; il faut que je sache son nom, afin de le corriger.

Dis-moi donc, eh ! l'ami ?

JEAN. Eh ! Monsieur ?

LE GASCON. Comment t'appelles-tu, mon petit bonhomme ? Je ne serais pas fâché de faire connaissance avec toi.

JEAN. Vous êtes bien honnête, Monsieur.

C'est mon nom que vous voulez savoir, n'est-ce pas?

LE GASCON. Sans doute !

JEAN. Eh bien, Monsieur, vous saurez que...

(*Chantant.*)

Je m'appelle comme mon père,
Lire lire lire,
Laire laire laire.
C'est un beau nom que celui-là,
Lire lon fa.

Le Gascon justement fâché contre Jean continue de l'interroger pour en venir à ses fins ; mais le petit bonhomme, certain que l'éternel questionneur ne peut venir jusqu'à lui, devient de plus en plus impertinent dans ses réponses ; de la raillerie permise il passe à la grossièreté, et même à l'insulte, ce qui est fort mal.

Enfin il s'est remis à son travail sans plus s'occuper du Gascon.

Pendant ce temps, celui-ci trouve un batelier qui le passe de l'autre côté de la rivière, et Jean, au milieu de ses *lire lon fa*, reçoit brusquement du Gascon une grêle de coups de canne sur les épaules.

La volée est complète, aussi complète que la joie des spectateurs qui se sont doublement amusés de la malice de Jean et de la verte punition qu'il en reçoit.

La pièce se termine ainsi :

Avis à qui veut mal faire,
Lire lire lire,
Laire laire laire.
Qui veut mal faire en souffrira.
Lire lon fa.

On vit ensuite apparaître :

1° Un magicien qui changeait quatorze fois de visage.

2° Un gros homme à tête d'éléphant qui se promenait les mains sur son énorme ventre.

3° Un âne et un écolier qui changeaient alternativement de tête.

Maurice saisit cette allégorie, elle le fit beaucoup rire.

On vit encore défiler une foule de personnages très-drôlatiques.

Le spectacle se termina par l'apparition, au centre de la

toile, de disques lumineux formant mille dessins capricieux, bizarres, qui se composaient et se décomposaient avec une égale rapidité.

— Oh! oh! disait Maurice complétement revenu de sa frayeur, c'est joliment gentil, Séraphin.

La représentation avait duré deux heures, et, le temps n'ayant pas changé, on retourna en voiture à la place de la Madeleine.

ROBERT-HOUDIN.

Charlotte avait un goût déterminé pour la prestidigitation, et, dès le lendemain de leur visite au spectacle du boulevard Montmartre, elle pria sa mère de la conduire avec ses petits amis au théâtre de Robert-Houdin qu'on devrait appeler le Théâtre Merveilleux, tant il nous transporte loin de la vie réelle.

Charlotte, Marianna, Maurice et Paul en revinrent l'esprit encore plein des ravissements de la séance.

Maurice et Marianna, les plus impressionnés de tous, ne pouvaient en croire le témoignage de leurs yeux. La petite fille, qui avait prêté son mouchoir au prestidigitateur, l'avait vu brûler devant elle, et elle ne pouvait comprendre comment il était revenu intact dans ses mains. Maurice dont il avait escamoté le terrible fusil, et qu'il avait presque escamoté lui-même, ne savait que penser en regardant son arme favorite.

Et puis n'avaient-ils pas vu, tous, de leurs propres yeux vu, le prestidigitateur tirer successivement, d'un tout petit carton, deux chapeaux de femme ornés de belles plumes, quatre tourterelles vivantes, et enfin une grande casserole remplie de haricots? N'avaient-ils pas vu un petit pâtissier mécanique sortir d'un four haut de vingt centimètres au plus, et offrir d'excellents gâteaux à tous les spectateurs? Ils en avaeint eux-mêmes mangé plusieurs, et ce n'étaient pas des gâteaux en carton, bien certainement.

N'avaient-ils pas assisté à ce fait extraordinaire d'un pistolet bourré avec le gant d'une dame, gant qui, après la détonation de l'arme, se retrouve sans taches, sans le moindre froissement, au bout d'un bâton, et orné d'une douzaine de bagues prêtées par plusieurs personnes?

Miracle encore plus grand!... On avait rincé une bouteille en leur présence, et cette bouteille vide s'était aussitôt transformée en une source inépuisable d'excellentes liqueurs.

C'était le merveilleux mis en action, et nos petits amis s'endormirent, rêvant de la Belle au Bois-Dormant, de l'Oiseau-Bleu, et enfin de tous les enchanteurs et de toutes les fées dont est peuplée la naïve et gracieuse imagination de l'enfance.

LE
PARC MONCEAUX
LE
GYMNASE PAZ

CHAPITRE VIII

LE PARC MONCEAUX. — LE GYMNASE PAZ.

Le soleil en congé depuis deux jours venait de reparaître avec éclat à la grande joie de nos jeunes amis, et on parlait d'en profiter pour se rendre au parc Monceaux, une charmante promenade.

Monsieur Fournier et ses enfants ne pouvaient plus prolonger leur séjour à Paris, au delà de trois jours, et ce temps, strictement nécessaire pour compléter leurs excursions parisiennes, ils allaient l'employer à visiter les grands marchands de bonbons, de chocolats et de pâtisseries délicates, sans parler des beaux magasins de joujoux qui ne contribuent pas moins au bonheur des enfants.

. . . .

Le parc Monceaux est situé à l'extrémité du boulevard Malesherbes, à vingt minutes à peu près de la place de la Madeleine.

Chacun eût volontiers laissé la voiture sous la remise

et les chevaux à l'écurie pour faire à pied un trajet de si peu d'importance, mais madame Leroy réfléchit que c'était le jour où Charlotte prenait habituellement sa leçon de gymnastique, et elle voulait profiter de cette circonstance pour faire visiter le gymnase Paz à ses hôtes.

Monsieur Fournier était d'ailleurs un grand partisan de la gymnastique, il la considérait comme une des récréations les plus utiles, les plus favorables à la santé des enfants, au développement de leur grâce et de leur force.

Or, le grand gymnase d'Eugène Paz, installé rue des Martyrs, est trop éloigné du parc Monceaux pour qu'on ait pu songer à faire cette double course sans le secours de la voiture.

. . . .

Deux larges routes à courbes gracieuses, ornées d'élégants candélabres et de trottoirs à bordures de granit, formant une croix irrégulière, divisent le parc Monceaux en quatre parties distinctes, qu'une belle allée circulaire enveloppe dans toute leur étendue.

Ces grandes voies, favorables à la circulation des équipages, sont encore établies pour donner accès aux hôtels particuliers qui entourent le parc.

De nombreuses petites allées, une profusion de fleurs, de beaux massifs, des pelouses, plusieurs curiosités qui ont survécu au démembrement de l'ancien parc, et dont nous aurons tout à l'heure l'occasion de parler, complètent les agréments de ce jardin qu'on peut considérer comme une gracieuse miniature des vastes et splendides promenades du bois de Boulogne, des Tuileries et du Luxembourg.

La voiture de madame Leroy n'avait pas fait trente pas dans ce jardin, que les enfants demandèrent à descendre autant pour courir que pour visiter le parc dans tous ses détails.

Charlotte qui connaissait son parc Monceaux sur le bout

du doigt en avait, chemin faisant, dit merveille à Marianna et à Maurice.

— Maman, et toi, mon oncle, vous allez nous suivre, dit la petite fille dès que tout le monde eut mis pied à terre.

— Ah ! vraiment, dit monsieur Fournier.

— Oui, mon oncle, car je suis certaine que je connais le jardin mieux que maman.

— Je te l'accorde, ma fille.

— Eh bien, ma chère nièce, dirige la promenade.

— Et vous ne me ferez pas d'observations ?

— Nous nous en garderons comme du feu, répliqua madame Leroy en souriant.

— Eh bien, allons d'abord voir la grande pièce d'eau qu'on appelle la Naumachie, poursuivit Charlotte en s'adressant à ses petits compagnons.

Cent pas plus loin, elle s'arrêtait devant un vaste bassin de forme ovoïde, orné, d'un côté seulement, par un grand nombre de colonnes corinthiennes en ruines.

— Regardez comme c'est joli... dit-elle.

— C'est admirable ! répondit Marianna.

— Oui, mais c'est un peu cassé, ajouta Maurice.

— Et tous ces petits canards !... les voyez-vous ? reprit Charlotte.

— Ils sont d'une belle couleur ! dit Marianna.

Et cette belle petite île qui se trouve au milieu !

— Est-ce que c'est l'île de Robinson ? demanda Maurice.

— Précisément.

— Et c'est par là que venaient les sauvages qui voulaient le manger ? reprit Maurice en désignant l'autre bord du bassin.

— Tu l'as deviné, et c'est à la place où nous sommes qu'il rencontra Vendredi.

— Oh ! s'écria Maurice fortement impressionné.

Puis il ajouta en confidence :

— Je voudrais bien aller dans l'île pour voir la cabane de Robinson.

— Tais toi, c'est défendu.

— Très-défendu? très-défendu? demanda Maurice qui conservait un reste d'espoir.

— Oui !.. En échange, nous allons traverser le petit pont et aller voir la grotte.

— Une grotte ! est-ce qu'il y a une fée dedans?

— Elle n'y vient que la nuit.

— Ah ! pour dormir alors ?

— Sans doute.

— Le joli pont ! dit tout à coup Marianna; regarde donc, papa?

— Il est très-beau, ma fille.

— Et les petits canards qui passent dessous !.. sont-ils amusants ! s'écria Paul qui n'avait encore rien dit.

— Moi, je voudrais être canard, reprit Maurice.

— Pourquoi ça? mon ami, demanda madame Leroy.

— Eh bien, ce serait pour avoir de belles plumes et me promener toute la journée sur l'eau.

— Tu ne songes pas que tu finirais un jour ou l'autre par être mis à la broche ?

— Moi !.. je tuerais le cuisinier, répondit Maurice d'un air décidé.

— C'est différent.

On venait de franchir le pont.

Charlotte prit d'une main Maurice et de l'autre le petit Paul pour leur faire traverser la route.

Marianna les suivait en poussant des exclamations de surprise.

Elle venait d'apercevoir un pittoresque amas de grosses roches d'où l'eau se précipitait en cascade dans une petite rivière.

— C'est la grotte! lui dit Charlotte.

— Qu'elle est jolie ! répondit Marianna.

— Est-ce qu'on peut monter dessus ?... demanda Maurice qui s'élançait déjà en avant.

— Oui, mais par l'escalier qui est là, à droite.

— Ah ! il y a un escalier.... reprit Maurice désappointé... j'aimerais mieux monter tout droit dans l'eau, moi.

— C'est défendu.

— Tiens, c'est toujours défendu... dit Maurice d'un ton boudeur.

— C'est l'intérieur de la grotte qui est curieux, reprit Charlotte ; nous allons le visiter d'abord, puisque nous n'avons pas trop chaud.

— Et si nous avions trop chaud ? fit observer Maurice.

— Il faudrait attendre pour ne pas attraper un rhume.... car la grotte est très-fraîche.

— Ah !

Nos promeneurs, Charlotte en tête, pénétrèrent immédiatement dans la grotte.

— On dirait une caverne de brigands ! s'écria Maurice.

— Oh ! regardez donc toutes ces pierres en pointes qui sortent de terre comme des roseaux, dit Marianna.

— Dis plutôt comme des flèches de cathédrale, reprit monsieur Fournier.

— Et celles qui pendent de la voûte comme des lustres, ajouta Charlotte.

— Et ces petits jours qui se trouvent entre les roches ! reprit Marianna.

— Tiens, il y a un petit bassin dans ce coin-là, fit observer Paul, et il alla y tremper ses mains.

— Écoutez donc ! le bruit de l'eau qui coule en dehors...

— C'est gentil, dit Maurice.

— Et de celle qui clapote dans les petits trous, poursuivit Marianna.

— Oui ça clapote, ça clapote très-bien, répéta Maurice à qui ce mot parut plaire.

— Dis donc, papa, demanda Marianna, est-ce que toutes ces pierres qui sont taillées comme des crayons......

— Tu veux dire ces *stalactites* ?

— Oui, papa, est-ce que ces pierres se sont formées là toutes seules ?

— Ma fille, ces pierres ne se forment toutes seules que dans les grottes naturelles ; elles proviennent de l'infiltration des eaux chargées de substances salines, et ne se produisent que fort lentement. On a dû rapporter celles-ci des Pyrénées ou des Alpes ; mais elles sont arrangées avec beaucoup d'art.

Depuis un moment Maurice furetait dans tous les coins, si bien qu'il avait fini par attirer l'attention du gardien spécial de la grotte.

— Que cherchez-vous donc, mon petit ami ? lui demanda-t-il.

— Je cherche le lit de la fée, répondit naïvement Maurice.

— De quelle fée ?

— De celle qui couche toutes les nuits dans la grotte ; je le sais bien, c'est Charlotte qui me l'a dit.

— Ah ! ah ! j'y suis, répliqua le gardien, elle dort là, sur ma chaise ; nous n'en avons qu'une pour nous deux.

— Alors vous couchez sur la terre, vous ?

— Du tout, je m'en vais tous les soirs coucher dans mon lit... et crac ! elle arrive dès que je suis parti.

— Oui, mais vous laissez la porte ouverte pour qu'elle puisse entrer ?

— Jamais ! Elle entre par un trou.

— Avec sa baguette ?

— Certainement, avec sa baguette.

— Merci, Monsieur.

Et Maurice courut dire à ses petits compagnons en leur montrant la chaise :

— Voyez-vous, c'est là que dort la fée.

— Ah ! vraiment ! s'écria Charlotte.

— Oui, c'est le gardien qui me l'a dit.

— Nous sommes bien aises de le savoir, reprit la petite fille en échangeant un sourire avec le gardien.

La grotte a deux entrées. On la traversa pour gagner l'escalier qui conduit en haut du rocher.

Là, on fut encore obligé de modérer les élans de Maurice qui voulait le descendre à pic, toujours du côté de la cascade.

— C'est pour avoir l'air d'un chasseur, disait-il en s'excusant.

— Il fera de l'orage cette nuit, dit madame Leroy.

— Pourquoi donc, tante ? demanda Maurice.

— C'est qu'il me semble que tu es agité comme les chats, quand la pluie menace.

— Oui, tante, je voudrais monter et descendre comme Minet, quand il fait la chasse aux oiseaux dans les arbres.

— Un peu de patience, mon ami, nous allons tout à l'heure rendre visite à monsieur Paz.

— Est-ce qu'on peut grimper chez monsieur Paz? ce n'est pas défendu?

— C'est au contraire ordonné.

— Eh bien, tante, allons-y tout de suite! s'écria Maurice.

— Et le tombeau que nous n'avons pas encore visité! et le tour du jardin que nous n'avons pas fait! dit vivement Charlotte qui tenait à montrer, dans tous ses détails, le parc à ses petits amis.

— Le jardin! c'est toujours des arbres et du gazon, dit Maurice avec humeur.

— Tu oublies les fleurs, fit observer madame Leroy.

— Ça m'est bien égal, on ne peut seulement toucher à rien, répliqua Maurice.

— Allons, tais-toi, mon ami, lui dit son père.

Les vestiges de l'ancien parc étant en quelque sorte réunis sur le même point, nos jeunes amis ne furent pas longtemps à rencontrer la petite pyramide appelée le tombeau.

Ce monument, qui n'intéresse en rien l'enfance, ne les arrêta guère que le temps de lui jeter un coup d'œil.

— Est-ce qu'il y a un mort là-dessous? demanda Marianna à madame Leroy.

— Oui, ma chère amie ; on dit même que c'est un jeune seigneur allemand qui a été assassiné dans une querelle de jeu.

Maurice et Paul n'avaient pas attendu la réponse de madame Leroy, et ils couraient dans les allées, afin de remplir plus vite le programme de Charlotte, lequel, nous le savons, consistait à visiter entièrement le jardin avant de s'en éloigner.

C'était la première fois que Maurice entendait parler du gymnase Paz, et même de gymnase ; mais il lui suffisait de savoir qu'il pourrait là grimper et gambader tout à son aise, pour éprouver un vif désir de s'y rendre.

LE GYMNASE PAZ

Trois quarts d'heure plus tard, la petite bande faisait une entrée passablement bruyante dans le grand gymnase de la rue des Martyrs.

Elle y avait fait au plus quelques pas, que Maurice et

Marianna s'arrêtèrent, surpris autant de l'étendue de l'établissement que de son aspect original.

— Ah ! mon Dieu ! s'écriait Marianna, que de charpentes ! Que de cordages !

— Et tous ces ponts ! disait Maurice.

— Et toutes ces échelles qui sont couchées ou qui montent... et celles qui flottent, ajoutait Marianna.

— Et ces cordes qui pendent avec de grands anneaux de fer au bout ! reprenait Maurice.

— Et ce grand cheval de bois !

— Et celui qui est recouvert de velours rouge.

— Il n'a pas de tête, celui-là, fit observer Paul.

— Regarde donc, Marianna, toutes ces barres qui ont un boulet de canon à chaque bout.

— Et ces massues de sauvages ! ajoutait la petite fille.

— Et ce grand plancher où l'on a peint des ronds noirs ! disait Paul.

— Venez voir par ici, dit tout à coup Charlotte qui s'amusait de ces exclamations.

Et elle les entraîna vers le fond.

— Oh ! cette grande place remplie de sable ! s'écria Marianna.

— C'est de la sciure de sapin, répondit Charlotte.

— Pourquoi donc de la sciure ?

— C'est pour qu'on puisse retomber de haut sans se faire de mal.

— Ça, c'est commode, fit observer Maurice.

— Et ceci, vois-tu, c'est le tremplin, reprit Charlotte en lui faisant remarquer une grande planche inclinée.

— Pourquoi est-ce faire ? demanda Marianna.

— C'est pour doubler son élan quand on saute.

Maurice ne put se contenir en entendant l'explication donnée par Charlotte, il monta sur le tremplin, fit un saut en l'air, et retomba dans la sciure de bois où il enfonça jusqu'aux genoux.

— C'est amusant, n'est-ce pas? lui dit Charlotte.

— Ah! mais oui! s'écria Maurice qui recommença aussitôt.

Paul, qu'un si bel exemple avait naturellement entraîné, lui arrivait chaque fois sur les talons, et tous deux riaient aux éclats de leur divertissement.

Madame Leroy fit un signe à sa fille, qui disparut par le fond.

Peu d'instants après une vingtaine de fillettes en tenue de gymnase faisaient leur apparition dans la vaste salle. Charlotte était parmi elles.

La leçon allait commencer.

— Ah, ah! ma chère nièce, dit monsieur Fournier en s'approchant du groupe, nous allons juger de ton savoir-faire.

— Vous vous trompez, mon cher oncle, et voilà monsieur Paz qui vient vous prévenir que les messieurs n'assistent ni à la leçon des dames ni à celle des petites filles.

Le directeur vint, en effet, confirmer à monsieur Fournier les paroles de Charlotte.

— Pardon, Monsieur, je me retire ; mais permettez-moi de vous faire observer que voici mon fils et son ami qui sont aussi des hommes, répondit monsieur Fournier en souriant.

— Oui! nous sommes des hommes! s'écrièrent Maurice et Paul.

— Sans doute, reprit le directeur, mais ils ont si peu de barbe qu'il nous est permis de les prendre pour de petites filles.

— De la barbe! dit vivement Paul, j'en ai à la maison; grand-père m'en a acheté une.

Monsieur Fournier prévint sa sœur qu'il reviendrait la prendre dans une heure, durée de la leçon, et s'éloigna.

— Allons, Mesdemoiselles, cria le professeur qui était une dame, en place!

A ce commandement les vingt petites filles coururent se mettre à la queue leu leu, et par rang de taille, entre deux barres parallèles, assez semblables aux travées qui servent devant nos théâtres à contenir le public.

Maurice et Paul s'étaient placés sans façon à la suite de Charlotte.

— Qu'est-ce que nous allons faire là?... lui demanda tout bas Maurice.

— Tu vas voir, répondit Charlotte.

Le professeur donna le signal.

La petite fille qui était en tête des élèves plaça une main sur chaque barre, s'enleva d'un bond, roidit les bras, et pendant quelques secondes balança son corps ainsi suspendu ; puis, s'élançant de côté, franchit la barre de droite pour retomber gracieusement en dehors.

— Très-bien, mademoiselle Marie, dit le professeur.

Toutes les petites filles répétèrent l'exercice avec plus ou moins de succès...

Les moins habiles devaient immédiatement se placer derrière les autres, et le professeur s'écriait alors :

— Allons, Mesdemoiselles, une place à gagner ! deux places à gagner ! et ainsi de suite.

— A vous, Monsieur, dit le professeur en s'adressant gaiement à Maurice.

Maurice regardait les barres, plus hautes que lui, et semblait hésiter.

— Eh bien, lui dit Charlotte, est-ce que tu as les jambes trop petites ?

Maurice, piqué au jeu, s'élança à son tour, manqua les barres et retomba sur le derrière au milieu des rires de l'assemblée.

Il avait à moitié disparu dans la sciure de sapin.

Le petit Paul était accouru auprès de lui, et battait des mains en le regardant d'un air moqueur.

Maurice se releva lestement.

— Vois-tu, dit-il à Charlotte, c'est que j'ai les jambes trop petites... et il se secoua.

— Au trapèze volant !... s'écria le professeur.

Les enfants se dirigèrent vers deux cordes flottantes, parallèles, et armées de deux larges anneaux de fer.

L'exercice consiste à s'y suspendre par les mains, à s'imprimer un élan, et à décrire en l'air, en se retournant à volonté pendant le trajet, une suite de paraboles plus ou moins étendues, puis à saisir le moment où les cordes se trouvent comme un fil à plomb au-dessus du sol, pour quitter les anneaux et retomber avec grâce, ce que Charlotte exécuta mieux que toutes ses compagnes.

Par malheur, Maurice et Paul avaient encore les jambes trop petites pour se livrer à cet exercice, et ils durent se contenter d'en être les spectateurs.

— C'est ennuyeux d'être petit !... s'écriait Maurice.

— Patience, lui dit Charlotte, tu vas faire comme nous tout à l'heure.

— Est-ce qu'on va grimper? lui demanda Maurice.

— Grimper et sauter ! répondit sa cousine en se dirigeant vers deux perches placées verticalement, et d'une hauteur de quatre à cinq mètres.

— A vous, mademoiselle Charlotte, dit le professeur.

Charlotte, montée avec l'agilité d'un singe à l'extrémité des perches, en descendit avec la rapidité d'une flèche. Tous les élèves l'applaudirent avec enthousiasme.

— Moi aussi je sais grimper ! s'écria Maurice électrisé, et tout en se dirigeant vers les perches.

— Un instant, monsieur Maurice, n'interrompez pas la leçon, dit le professeur.

Maurice contint son impatience.

Enfin son tour arriva. Alors, jetant son chapeau en l'air, il courut à l'une des perches, l'entoura de ses bras, de ses jambes, et fut en haut en quelques secondes.

— J'ai monté aussi bien que Charlotte !... s'écria-t-il.

— Descendez maintenant, lui dit le professeur.

Maurice obéit.

— C'est très-bien, reprit le professeur ; mais qui donc vous a donné de si bonnes leçons ?

— C'est mon chat ! dit Maurice.

— Ah ! c'est votre chat ! dit le professeur en riant.

— Oui, nous grimpons ensemble toute la journée à la Martinière.

Le petit Paul s'était avancé.

— Et moi ! dit-il.

— Au fait, c'est votre tour, répondit le professeur.

Paul voulut imiter Maurice ; mais, soit qu'il eût les jambes trop faibles ou qu'aucun chat ne se fût chargé de son éducation, il ne put s'élever à plus de trente centimètres de terre.

— C'est que j'ai trop déjeuné, dit-il pour colorer sa déconvenue.

Cette explication ingénieuse excita un rire général qu'il prit pour de l'approbation.

On passa immédiatement aux exercices du tremplin, le plus attrayant de la gymnastique.

S'élancer d'une planche élastique pour franchir un obstacle qui monte graduellement ; y poser les pieds pour bondir sur le grand cheval de voltige, ou sauter par-dessus, ou sauter horizontalement, ou pour faire à volonté le saut périlleux ou le saut de carpe, constitue une récréation qui répond en même temps aux besoins du corps et à ceux de l'imagination ; aussi tous les élèves y eurent-ils un égal plaisir, un égal succès.

Au pont mobile ! cria le professeur.

Le pont mobile est un long mât horizontal, suspendu par ses extrémités, et que le moindre contact fait osciller.

La grande difficulté est de s'y maintenir en équilibre, soit debout, soit accroupi, soit en exécutant certains gestes au commandement du professeur.

Toutes les petites filles, suivies de Maurice et de Paul, y montèrent à la fois.

Rien de plus amusant que cette lutte pour ne pas perdre pied sur un point qui se déplace continuellement. Le mouvement qui jetait les uns en avant précipitait les autres en arrière, et c'était une incessante dégringolade. Maurice et Paul étaient déjà tombés quatre fois sur le nez, en pleine sciure de sapin; d'autres étaient tombés sur le dos, sur le côté; Charlotte seule n'avait pas quitté le pont et continuait de s'y balancer avec une aisance qui lui valut d'être proclamée *première* à ce bel exercice, dont le but est d'assurer la marche sur un sol mouvant.

Le professeur alla prendre un tambour.

Pendant ce temps tous les élèves se massèrent dans un angle de la salle.

Au premier roulement, ils s'alignèrent; au second, ils firent un demi-tour.

Le tambour se mit alors à battre une marche progressive.

Les enfants, partis au pas ordinaire, passèrent bientôt au pas allongé, puis au pas accéléré, et finalement au pas de course.

Cette petite troupe parfaitement disciplinée, suivant à merveille la mesure, était charmante à voir courir ainsi.

— Comme les pompiers de la Martinière! s'écria Maurice.

Le tambour cessa de battre et toutes les petites jambes demeurèrent immobiles.

Le professeur, après un temps d'arrêt qui lui permit

S'élancer d'une planche élastique pour franchir un obstacle (page 229).

de remettre son tambour en place, s'écria tout à coup :

— Mesdemoiselles, nous allons passer à la promenade des échelles.

— La promenade des échelles! répéta Maurice, qu'est-ce que c'est que ça?

— Tu vois bien les échelles qui sont là-haut, et qui forment comme un chemin à jour tout autour du gymnase? lui dit Charlotte.

— Tout là-haut? tout là-haut?

— Oui, tout là-haut.

— Eh bien, nous allons nous promener là-dessus.

— Oh! dit Maurice.

— C'est pour apprendre à regarder de très-haut sans que la tête vous tourne, sans avoir le vertige; tu sais, quand on se promène dans les montagnes ou au bord des précipices.

— Et si tu tombais?

— C'est impossible, il y a un garde-fou ; oh! c'est très-bien arrangé.

— Je veux y aller avec toi, dit Maurice.

—Monsieur Maurice, ce sera pour plus tard; aujourd'hui vous passeriez trop facilement sous le garde-fou, reprit le professeur.

— C'est ennuyeux d'être petit! répéta Maurice.

Et, suivi de Paul, il alla rejoindre madame Leroy.

Au signal donné, les vingt petites filles gravirent à la file jusqu'au chemin des échelles et accomplirent lestement leur promenade.

— Moi aussi, disait Maurice en admirant le gracieux défilé, moi aussi, quand je serai plus grand, je me promènerai tout en l'air avec les petites filles.

La leçon terminée, les élèves passèrent dans leurs cabinets pour reprendre leurs vêtements de ville.

Charlotte reparut la première.

— N'est-ce pas, dit-elle en s'adressant à Marianna, que c'est gentil la gymnastique?

— Ça doit être bien amusant, répliqua Marianna.

— Et puis ça vous rend très-gaie pour toute la journée, reprit Charlotte en sautillant comme un oiseau.

M. Fournier revenait en ce moment prévenir sa sœur qu'il était à ses ordres.

— Eh bien, Charlotte?.. la séance a-t-elle été bonne? dit-il.

— Oui, mon oncle, j'ai été première plusieurs fois.

— Moi aussi, dit aussitôt Maurice, j'ai été *première*... pour grimper.

— Ah! tu as été *première* aussi... répéta son père en souriant.

— Oui, papa.

— C'est très-bien, et, pour vous récompenser de vos succès, je vous conduirai demain chez le meilleur pâtissier et chez le premier confiseur de Paris.

— Et nous mangerons des gâteaux et des bonbons! n'est-ce pas, père?.. demanda vivement Maurice.

— Tant qu'il vous plaira.

— Oh! quel bonheur! s'écrièrent les enfants.

— Et de plus vous en bourrerez vos poches.

— Moi, j'emporterai un panier, dit naïvement le petit Paul.

On quitta le gymnase Paz sur ces belles résolutions.

SIRAUDIN
FRASCATI

CHAPITRE IX

FRASCATI. — SIRAUDIN.

Des gâteaux et des bonbons autant qu'on en voudra!... quelle attrayante perspective! c'était à en passer une nuit blanche. Par bonheur, la journée des enfants avait été fort laborieuse et ils ne dormirent pas moins qu'à l'ordinaire... Mais, le matin venu, la maison retentit de cris joyeux et de folles clameurs.

Allait-on s'amuser!

Maurice s'habilla lui-même avec une précipitation remarquable.

De leur côté, Charlotte et Marianna se privèrent de femme de chambre pour faire leur toilette.

Madame Leroy ne les vit pas plutôt paraître qu'elle éclata de rire,... puis s'écria :

— Comme vous voilà fagotées! où Mariette avait-elle l'esprit ce matin pour vous habiller ainsi?

— C'est qu'elle était en retard...

— En retard!

— Oui, maman, et nous nous sommes habillées nous-mêmes, répondit Charlotte un peu confuse.

— Vous-mêmes? à la bonne heure!.. Eh bien, vous avez une jolie manière de vous y prendre...

Venez un peu ici que je vous examine : oh, oh! pas un bouton n'est à sa place. Voyons vos chemisettes! Elles bouffent dans le dos et font des plis abominables. Et le nœud de vos ceintures! où est-il placé, je vous prie?... Il est sur la hanche, et de deux travers de doigt au-dessus de la taille... Vous seriez gentilles ainsi!

Madame Leroy sonna Mariette.

La femme de chambre parut.

— Ces demoiselles n'ont pas voulu vous attendre pour s'habiller, et, vous le voyez, leur toilette est à refaire.

— Comment, Mesdemoiselles?... dit Mariette étonnée.

— Dame! vous étiez en retard, balbutia Charlotte.

— Pardon, je n'habille jamais ces demoiselles avant neuf heures, et il en est à peine huit et demie.

Maurice fit son entrée en ce moment.

— Oh, oh! s'écria madame Leroy après l'avoir considéré pendant quelques secondes...

Puis elle chanta aussitôt :

C'est le roi Dagobert,
Qui met sa culotte à l'envers.

Et elle retourna le petit bonhomme tout d'une pièce, en ajoutant :

— Ils se sont bien certainement donné le mot ce matin!... Dis donc, Maurice.

— Quoi donc, tante?

— Fais-moi le plaisir de fouiller dans tes poches.

Maurice essayait d'obéir quand il s'aperçut que ces mêmes

poches dont il ne pouvait trouver les ouvertures, pendaient en manière d'ornement sur ses hanches.

— Oh! fit-il, mon pantalon qui s'est retourné.

— Il aura fait du vent pendant que tu le mettais, reprit madame Leroy.

— Du vent! répéta Maurice.

— Non? eh bien, j'y suis, ajouta t-elle en riant aux éclats; c'est la préoccupation d'aller manger des gâteaux et des bonbons à volonté, qui vous a tous si singulièrement mis en alerte ce matin.

— Oh! maman!

— Oh! ma tante!

— Fi! fi! les gourmands.

— Allez, Mariette, emmenez-les, afin de les rendre présentables.

Monsieur Fournier, instruit par sa sœur de ces incidents, résolut, d'accord avec elle, de se divertir aux dépens de nos petits bonshommes.

Au bout d'une heure, Maurice, Charlotte et Marianna reparurent dans une toilette perfectionnée.

— Ah, ah! voilà mes invités! s'écria monsieur Fournier; on peut dire qu'ils sont prêts de grand matin.

— Ils n'avaient garde de se faire attendre, et si je te disais...

— Non, non, chère maman, mon oncle se moquerait de nous.

— Qu'y a-t-il donc?

— Rien, mon oncle, rien! rien! rien!

— Cela suffit, ma nièce; dès que je ne dois rien savoir... Mais il ne s'agit pas de cela, car je veux avant toute chose vous adresser une question.

— Laquelle, mon oncle?

— Je veux savoir si votre intention est toujours de manger beaucoup de gâteaux et de bonbons?

— Très-certainement, mon oncle, dit vivement Charlotte.

— C'est bien, il n'y aura à cela qu'un seul inconvénient, celui de vous faire déjeuner un peu tard.

— Comment, mon oncle, puisque Jean est occupé à mettre le couvert?

— D'abord, mes chers enfants, il faut s'entendre.

Ou vous déjeunerez comme de coutume, ou vous déjeunerez de gâteaux et de bonbons; car il est impossible de déjeuner deux fois de suite sans s'exposer à être malade.

— Mon oncle, je t'assure...

— Mais, papa...

— Tout ce que vous voudrez, une indigestion est une chose aussi laide que dangereuse, et mon devoir est de vous l'éviter.

— Le mien aussi, dit madame Leroy.

Monsieur Fournier continua :

— Si vous ne deviez manger que quelques gâteaux et quelques bonbons, cela irait tout seul; mais vous avez le désir d'en manger beaucoup, considérablement même...

— N'as-tu pas dit, papa, que nous en pourrions manger à discrétion? demanda Marianna.

— Je le répète ; par exemple, je m'oppose à ce que vous déjeuniez préalablement, par simple mesure de prudence.

— Je m'y oppose encore plus formellement, dit madame Leroy. Maintenant il est bien entendu que vous êtes libres de choisir entre déjeuner avec nous ou déjeuner tous les quatre ensemble chez Frascati ou chez Julien.

— Tout à fait libre, ajouta monsieur Fournier, et à votre place mon hésitation ne serait pas longue, j'aimerais mieux attendre jusqu'à midi et déjeuner de bons gâteaux tout frais et d'excellents bonbons.

— Jusqu'à midi ! s'écria Maurice.

— Bah ! deux heures sont bien vite passées, dit madame Leroy.

— Eh bien, papa, nous préférons déjeuner tous les quatre ensemble chez un pâtissier, répliqua résolûment Marianna.

— C'est convenu, répondit madame Leroy ; vous vous tiendrez tranquillement au salon en attendant, afin qu'on ne soit pas obligé de recommencer une seconde fois votre toilette.

Monsieur Fournier et sa sœur passèrent dans la salle à manger.

Une délicieuse odeur de cuisine pénétra en ce moment dans le salon.

Charlotte, Marianna et Maurice s'étaient assis devant une table, et s'occupaient à feuilleter des gravures sans échanger une parole.

— Ça sent joliment bon ! dit tout à coup Maurice en se levant.

— Oui, c'est une odeur excellente, répondit Marianna.

— C'est vrai, fit Charlotte à son tour.

Maurice se dirigea du côté de la salle à manger.

— Où vas-tu donc, Maurice ? lui demanda Marianna.

— Je ne vais nulle part, répondit Maurice en continuant son petit bonhomme de chemin.

Quelques secondes après, il passait le bout de son nez par la porte entre-bâillée.

— Maurice ! appela Marianna.

Maurice revint sur ses pas en disant d'un air naïf :

— Ça sent encore bien *plus bon* là-bas.

— Eh bien, qu'est-ce que ça sent ? lui demanda Charlotte.

— Ça sent le poulet.

— Ah !

— Ça sent le melon aussi, reprit Maurice en enflant ses narines.

— C'est bien possible, répartit Marianna.

— J'aime beaucoup le melon, moi, dit brusquement Maurice, en manière de profession de foi.

— Et moi aussi, soupira Charlotte.

— Et moi donc, ajouta Marianna.

— Dis donc, Charlotte, si nous allions dans la salle à manger, ma tante nous en donnerait peut-être... du melon ?

— Nous pouvons y entrer *sans avoir l'air de rien*, répliqua Charlotte.

— Nous ferons comme si nous cherchions quelque chose, dit Maurice ; c'est moi qui entrerai le premier.

— C'est ça, et nous arriverons derrière toi, comme si tu nous avais appelées.

La petite comédie se joua tout au long.

— Vous voilà, les enfants, dit simplement monsieur Fournier, sans interrompre son repas.

— Oui, mon oncle...

— Oui, papa.

— Vous avez sans doute égaré quelque chose ?

— Oui, mon oncle, répondit Maurice.

— Quoi donc ? demanda madame Leroy.

— C'est un crayon, ma tante, balbutia Maurice.

Les enfants cherchaient partout d'un air affairé; ils allaient jusqu'à regarder sous les meubles.

Monsieur Fournier et sa sœur échangèrent un sourire.

— Vous voudriez dessiner pour prendre patience ?... dit madame Leroy.

— Oui, maman, répondit Charlotte.

— C'est une bonne idée...

Les enfants jetaient à chaque instant des regards sur la table où leurs couverts avaient été mis, à tout événement, sans doute.

— Vous ne trouvez pas ce que vous cherchez? demanda tout à coup madame Leroy.

— Non, ma tante, répondit Marianna.

— Dame !... c'est bien petit, un crayon.

— Ne serait-ce pas plutôt une tranche de melon que vous auriez égarée ? dit monsieur Fournier.

— Papa, tu veux rire, répondit Marianna.

— Oui, papa veut rire, répéta Maurice.

— Et se moquer de nous, ajouta Charlotte.

— Pourquoi donc, mes enfants? on a vu des gens si distraits.

Charlotte, Maurice et Marianna avaient cessé leurs feintes recherches et s'étaient tournés franchement du côté de la table.

Il y eut un moment de silence.

Les trois enfants, on le devinait, étaient à bout de finesses.

Maurice, qui regardait tour à tour le melon et le poulet avec des yeux brillants de gourmandise, se décida à s'approcher de la table :

— C'est bon... du melon, dit-il.

— Celui-ci est excellent, répondit monsieur Fournier en continuant de déjeuner.

Les deux petites filles se rapprochèrent de Maurice.

— Il est parfait, reprit madame Leroy, et je regrette vivement que la résolution que vous avez prise de déjeuner de gâteaux ne vous permette pas de manger avec nous.

— Mais, maman, nous pourrions toujours manger un peu de melon, dit Charlotte.

— Un tout *petit peu !* ajouta vivement Maurice.

— Rien que pour en goûter, reprit Marianna.

— Rien qu'une petite tranche alors; vous la partageriez entre vous trois, dit monsieur Fournier.

— Une petite tranche pour nous trois! ah ! mon oncle, hasarda Charlotte...

— Vous en voudriez chacun une tranche, je vois cela.....

— Oui ! oui ! oui ! chacun une tranche ! s'écrièrent les enfants en battant des mains.

— Va pour chacun sa tranche ! dit monsieur Fournier.

Charlotte, Marianna et Maurice furent à table en un clin d'œil.

Madame Leroy leur servit à chacun un belle tranche de melon.

— Il me semble, chère sœur, que tu leur en donnes beaucoup, fit observer monsieur Fournier.

— Mais non, mon oncle, s'écria Charlotte.

— Tant pis ! c'est fait ! répondit madame Leroy ; seulement, le melon est ford lourd et il ne faut pas le manger trop vite.

Les petits gourmands, qui avaient déjà la bouche pleine, répondirent par un signe de tête.

Quelques minutes s'écoulèrent.

— Un peu de vin pur par là-dessus pour aider à la digestion, reprit madame Leroy.

— Là ! eh bien, retournez au salon maintenant, dit monsieur Fournier en achevant de découper le poulet.

Maurice regarda Marianna qui regarda Charlotte, et tous trois restèrent à leur place.

— Vous voulez donc nous tenir compagnie ? demanda madame Leroy.

— Mais oui, maman, ce sera plus gai pour nous, répliqua Charlotte.

— Voilà qui est aimable.

Monsieur Fournier servit du poulet à tout le monde.

Puis, comme se ravisant tout à coup :

— Bon ! dit-il, j'oublie que vous ne déjeunez pas en même temps que nous ; voyons, repassez-moi vos assiettes.

Les trois enfants étendirent les bras en avant pour défendre la nourriture qu'on parlait si bénévolement de leur reprendre.

Le mouvement fut exécuté avec une promptitude et une précision extraordinaires; on eût dit qu'ils l'avaient répété cent fois.

— Ah ! mon oncle ! s'écria vivement Charlotte, ce qui est donné...

— Ne se reprend jamais, dit Marianna.

— Jamais ! ce serait trop vilain, ajouta Maurice.

— Vous voulez donc goûter aussi du poulet ? demanda monsieur Fournier d'un air ébahi.

— Nous voulons goûter de tout ! s'écria Charlotte.

— De tout ! répéta Maurice.

— De tout ! dit Marianna, servant d'écho à son frère et à sa cousine.

— Allons, c'est ma faute, ajouta monsieur Fournier avec résignation.

Les enfants éclatèrent de rire, car leur ruse avait réussi, pensaient-ils, au delà de leurs espérances.

. . . .

A l'heure fixée pour se rendre chez Frascati, ils s'étonnèrent de ne pas voir le moindre mouvement dans la maison.

— Mais ! dit tout à coup Charlotte, est-ce que mon oncle et maman nous ont oubliés ?

— Au fait, reprit Marianna en se dirigeant vers une fenêtre qui donnait sur la cour, la voiture est encore sous la remise.

— Et le cocher fume sa pipe sur la porte de l'écurie, ajouta Maurice qui avait suivi sa sœur.

— C'est bien étonnant ! dit Charlotte.

— Si nous allions voir ce que font papa et ma tante ? insinua Marianna.

— Oui, il faut y aller, dit Maurice devenu subitement inquiet.

On trouva monsieur Fournier et madame Leroy qui lisaient le journal dans une autre partie de l'appartement.

— Mon oncle ?... dit timidement Charlotte.

— Ma nièce ? répondit monsieur Fournier sans interrompre sa lecture.

— Est-ce que nous n'allons pas bientôt partir ?

— Partir ? pour quel pays, ma fille ? demanda madame Leroy en feignant la surprise.

— Tu le sais bien, maman.

— Je t'assure que non.

— Mais, tante, c'est pas pour un pays, c'est pour aller chez le pâtissier ! s'écria Maurice.

— Pour quoi faire, je vous prie ? dit monsieur Fournier.

— C'est pour manger des gâteaux ; tu sais bien que tu nous l'as promis, père, dit Maurice d'un ton câlin.

Monsieur Fournier se leva d'un bond et se croisa les bras.

— Ah ! ça ! nous sommes donc entourés de bandits ? s'écria-t-il. Comment, voilà des gaillards à qui nous venons d'offrir un excellent déjeuner qu'ils ont englouti en entier, et qui se réunissent l'instant d'après pour nous contraindre à leur en fournir un second, sans tarder.

— C'est un peu fort, dit madame Leroy.

— Mais, papa !....

— Mais, maman !....

— Mais, mon oncle !....

S'écrièrent à la fois les trois enfants.

— Inutile ! inutile ! s'écria à son tour monsieur Fournier.

— Absolument, dit madame Leroy.

Paul apparut au même instant.

Il portait un petit panier de chaque main.

Habituellement le jeune voisin n'avait pas plutôt fait son entrée qu'il saluait et embrassait tout le monde ;

cette fois il alla droit à monsieur Fournier, et, lui présentant ses deux paniers, il dit sans le moindre préambule :

— C'est pour mettre les bonbons.

Charlotte, Marianna et Maurice comprimèrent un fou rire en entendant une déclaration qui arrivait si mal à propos.

— Très-bien, mon ami, dit monsieur Fournier en embrassant le petit Paul, toi, au moins, tu as conservé ton droit.

Madame Leroy sonna pour donner l'ordre d'atteler la voiture.

Charlotte, Marianna et Maurice poussèrent une exclamation de joie.

— C'est bon, c'est bon, leur dit monsieur Fournier, nous verrons bien si vous vous moquez de moi jusqu'au bout.

Et il sortit de la chambre en les menaçant du doigt.

Restés seuls, les enfants, à l'exception de Paul, se parlèrent à voix basse :

— Oui, c'est cela ! s'écria Maurice ; c'est moi qui commencerai.

Paul les regardait d'un air intrigué.

Charlotte l'aperçut, le saisit dans ses bras pour l'embrasser :

— C'est toi qui nous as sauvés ! dit-elle.

— Oui, je vous ai sauvés, répondit Paul sans s'embarrasser du sens que la petite fille donnait à ses paroles.

Enfin l'on monta en voiture.

— Chez Frascati ! dit madame Leroy au cocher.

Quelques minutes plus tard la voiture s'arrêtait devant la boutique du susdit pâtissier.

Monsieur Fournier, qui avait gardé le silence pendant la route, se contentant de répondre par un froncement de sourcils aux chuchotements quasi-railleurs des enfants, les arrêta d'un geste au seuil de la boutique.

— Vous savez, dit-il, que Paul a seul l'autorisation de manger des gâteaux ; vous n'êtes là que pour le regarder faire.

Les enfants se précipitèrent en avant pour toute réponse.

Ce fut une véritable invasion.

Maurice, qui avait promis de commencer l'attaque, s'élança bravement sur une assiette remplie d'éclairs. Le premier qu'il saisit disparut en deux bouchées.

Marianna fondit sur un nougat. Charlotte donna la préférence à de petites tartes aux confitures. Quant à Paul, il posa lestement ses paniers sur une chaise et se mit à manger des deux mains.

On eût dit qu'ils concouraient pour un prix de gourmandise.

— Eh bien ! eh bien ! s'écriaït monsieur Fournier.

— Comment ! comment ! disait madame Leroy tout en faisant un geste d'intelligence à son frère.

Mais bah ! ces exclamations ne faisaient qu'augmenter l'audace des petits dévorants, et c'est à peine si l'on avait le temps de compter les gâteaux qu'ils avalaient comme par enchantement.

— Assez ! assez ! cria tout à coup monsieur Fournier, qui, ainsi que sa sœur, avait fini par rire aux éclats de cette scène où la malice se mêlait à la gourmandise.

Et, joignant le geste à la parole, il éloigna les enfants du théâtre de leurs exploits.

— Oh, papa ! crièrent Maurice et Marianna.

— Ah, mon oncle ! que c'est méchant ! disait Charlotte.

— Silence ! si je souffre qu'on se moque de moi, je ne consens pas à ce qu'on s'indigère pour cela... Et d'abord vous allez boire tous un grand verre d'eau rougie.

Cette précaution prise contre un étouffement possible, monsieur Fournier solda la consommation et l'on se rendit chez Siraudin.

— Vous pouvez rire à nos dépens, disait-il, mais c'est tant pis pour vous, car une autre fois je prendrai en pareille circonstance la précaution de vous mettre à tous une belle et bonne muselière.

— Oh, papa ! s'écria Marianna.

— Certainement, et puisque nous allons chez Siraudin, vous allez voir sans tarder de quel bois je me chauffe avec les petits rusés de votre espèce.

Les enfants, qui comptaient bien renouveler chez le confiseur la scène qui venait d'avoir lieu chez le pâtissier, riaient sous cape de cette menace.

Ils ne devaient pas garder longtemps leur illusion.

Arrivé rue de la Paix, monsieur Fournier sortit le premier de la voiture, offrit la main à madame Leroy pour l'aider à en descendre, puis il alla immédiatement se mettre en faction devant la porte du riche magasin de confiserie, sans s'occuper des enfants qui mirent pied à terre sous la surveillance de sa sœur.

— Halte-là !.. cria monsieur Fournier au moment où la petite bande, qui venait de traverser le trottoir en courant, se présentait hardiment avec l'intention de forcer le passage.

— Halte-là ! répéta monsieur Fournier.

Les enfants essayèrent de garder leur position.

— Mille bonbons !.. s'écria monsieur Fournier.

— Oui, mille bonbons chacun ! nous n'en voulons pas davantage, mon oncle, répliqua Charlotte en riant.

— Ah ! vous faites de l'esprit ! mes petits gaillards, eh bien ! sachez que le premier d'entre vous qui refusera de m'obéir sortira d'ici, non-seulement sans manger, mais encore sans emporter la moindre friandise.

Vous êtes libres maintenant! seulement je ne vous perds pas de vue.

Et monsieur Fournier, suivi de tout son monde, pénétra dans l'immense *bonbonnière* de Siraudin.

Nos petits amis, convaincus que le plus sage était de se soumettre, se tinrent fort modestement au milieu du magasin.

— Madame, dit alors monsieur Fournier à la personne qui occupait le comptoir, nous sommes venus pour faire de grandes emplettes, et je vous prie de vouloir bien me présenter un assortiment de vos meilleurs bonbons.

Les enfants se regardèrent avec joie.

— Cela est facile, Monsieur, répondit la marchande.

— Vous aurez soin de m'en présenter quatre de chaque espèce, afin que ces enfants puissent choisir en parfaite connaissance de cause.

— Très-bien, seulement je dois vous faire observer, Monsieur, que nous avons des bonbons de cent espèces.

— De cent espèces! ce qui nous ferait un total de quatre cents bonbons simplement pour goûter; ce serait trop, beaucoup trop, dit monsieur Fournier.

— Mais non, mon oncle, s'écria vivement Charlotte.

— Ma nièce! un mot de plus, et je vous envoie tout de suite reprendre votre place dans la voiture qui nous attend.

La petite fille se hâta de baisser la tête d'un air contrit.

— Madame, reprit monsieur Fournier en s'adressant à la confiseuse, ayez donc la bonté de nous choisir dix sortes de bonbons dans les cent que vous possédez, et de nous donner quatre échantillons de chaque espèce.

— Dix bonbons seulement, murmura Marianna.

— Hein? fit monsieur Fournier en se retournant.

Personne ne souffla mot.

— J'avais cru entendre.... reprit-il d'un air menaçant.

— Je vais alors, Monsieur, poursuivit la confiseuse, vous donner des INTIMES, des DIABLES NOIRS, des GANACHES, des AFRICAINES, des MADRILÈNES, des MIGNONS, des CERISES PRALINÉES, des DRAGÉES PÉRUVIENNES, des PRALINES FONDANTES et des ORANGINES ; ce sont d'excellents bonbons qui obtiendront, je l'espère, l'approbation de ces messieurs et de ces demoiselles.

— Faites, Madame, je vous prie.

La marchande, pour procéder par ordre, présenta premièrement : QUATRE INTIMES sur une assiette.

— C'est une purée de marrons entourée de fondants, dit-elle.

Monsieur Fournier prit l'assiette et fit face aux enfants.

— Tenez-vous bien alignés, leur dit-il, les mains derrière le dos et la bouche ouverte.

Ce commandement s'exécuta aussitôt.

— Parfait ! seulement il est inutile de tant ouvrir la bouche pour manger un bonbon à la fois.

Les bouches se refermèrent de moitié.

— C'est mieux et je vais procéder à la distribution.

Les enfants gardaient un sérieux comique.

— Un mot encore : je vous recommande de conserver chaque bonbon dans votre bouche pendant le temps nécessaire pour le bien goûter.

Un ! deux ! trois !.. quatre !... ajouta monsieur Fournier en remettant les bonbons à leur adresse.

Les quatre petites bouches se refermèrent, puis un léger mouvement des mâchoires, suivi d'une immobilité complète, indiqua que le bonbon avait disparu.

— Ça fond tout seul, il paraît, fit observer monsieur Fournier.

— Oh ! c'est excellent, dit Charlotte.

— Ton avis, Marianna ?

— C'est délicieux, cher papa.

— Et toi, Maurice, qu'en penses-tu ?

— C'est *très-délicieux*, petit père.

— A ton tour, Paul, dis-nous ton opinion.

— Mon opinion ? voilà !

Et le petit garçon ouvrit sa bouche toute grande.

— Je comprends ta pantomime, elle m'engage à continuer l'opération.

— Voici des DIABLES NOIRS qui sont un composé de chocolat et de crème fraîche, reprit la marchande en présentant quatre nouveaux bonbons.

— Attention ! reprit monsieur Fournier.

Même jeu, même résultat.

Les diables noirs furent trouvés excellents.

Dix fois de suite les petites bouches s'ouvrirent, et dix fois elles se refermèrent avec une admirable régularité, absorbant le bonbon qui leur était livré.

Bonbons pralinés, bonbons fondants, bonbons à la crème, à l'ananas, aux cerises, aux fruits, au vin de Madère, aux violettes ; bonbons en pâte de fruits, au marasquin, tout fut jugé parfait.

On ne leur faisait qu'un reproche, reproche unanime et partant mérité :

Ils étaient trop petits.

— Trop petits ! alors vous n'en voulez plus ? demanda monsieur Fournier.

— Mais si ! mais, au contraire ! s'écrièrent les enfants.

— C'est différent... veuillez donc, Madame, me préparer quatre boîtes de chaque sorte de bonbon, en tout quarante boîtes... et les diviser ensuite en quatre paquets assortis.

Les enfants battirent des mains.

Peu de temps après, Charlotte, Marianna, Maurice et Paul se trouvaient en voiture avec leur butin sur les genoux : chacun dix belles boîtes de bonbons.

Il est inutile de tant ouvrir la bouche pour manger un bonbon à la fois. (Page 251.)

Charlotte disait que c'était un beau spectacle.

— Je suis ravi qu'il vous plaise, mes enfants, dit monsieur Fournier, et il ne me reste plus qu'une recommandation à vous faire, celle de n'ouvrir vos boîtes de bonbons que pour en manger avec vos petits amis.

GIROUX
Nadar

CHAPITRE X

GIROUX. — NADAR.

Maurice et Marianna avaient maintenant vu tant de choses, qu'il ne leur restait plus pour connaître tout le París des enfants, qu'à visiter le vaste établissement de Giroux, le fabricant par excellence de jouets aussi remarquables par leurs ingénieux mécanismes, que par une élégance exceptionnelle.

Giroux demeurant à quelques pas de la place de la Madeleine, cinq minutes suffirent à nos petits explorateurs pour se rendre dans son magasin, sous la conduite de madame Leroy.

Ils se trouvèrent bientôt au milieu du splendide étalage de jouets qui occupe la partie supérieure de la maison.

Monsieur Fournier s'était interdit de les accompagner, afin de s'occuper exclusivement de ses préparatifs de départ, car c'était le lendemain qu'il devait retourner à la Martinière avec ses enfants.

— Deux étages pleins de joujoux ! s'était écrié Maurice

avec admiration; car bronzes, tableaux, albums, livres, tout était joujoux pour lui.

De son côté, Marianna avait une sorte d'éblouissement. Elle venait de s'arrêter devant une immense vitrine où plus de cent poupées étalaient leurs riches toilettes, comme pour porter un défi de beauté, de grâce et de distinction aux personnes qui se présentaient pour les voir.

Maurice resta ébahi, non point à la vue des poupées (Maurice était un homme), mais en apercevant une quantité vraiment prodigieuse de différents jouets.

Tous deux avaient déjà vu bien des jouets; ainsi, ils connaissaient de reste les poupées impertinentes des boulevards et de différents passages : celles qui lorgnent les promeneurs; celles qui vont en visite avec un petit chien sous le bras, ou partent en voyage, une valise à la main. Ils connaissaient encore les poupées de salon qui dansent avec un monsieur décoré, ou se mettent au piano pour chanter une romance. Et la poupée créole qui ne saurait exister sans une négresse chargée de lui ramasser son mouchoir, de lui présenter à temps son éventail, en un mot, de prévenir ses moindres désirs, de la dispenser du plus imperceptible mouvement. Ils connaissaient aussi la poupée qui tient une main sur son cœur en regardant le bout de ses pieds.

Ils connaissaient de même le lapin vulgaire qui déjeune d'une feuille de rosier en taffetas vert, le singe à cheval sur un lévrier, le cheval à bascule, le mouton enrubanné, le petit Piémontais qui fait danser un ours auquel on a mis des manchettes, les polichinelles, les pierrots, les théâtres, les laiteries, les Léotards, les singes grands seigneurs, les singes artistes, les singes baladins; charmantes créations qui composent le fond commun de la bimbeloterie parisienne; mais, ce qu'ils n'avaient jamais vu, c'était un aussi bel ensemble de jouets de grand luxe mêlés à des jouets modestes du meilleur goût.

On y remarquait en première ligne : un éléphant armé en guerre, portant sur son dos une tour carrée avec quatre Romains prêts à combattre.

L'éléphant était suivi d'un immense chariot en chêne, à ferrures d'acier poli, et traîné par des bœufs. Il était rempli jusqu'aux bords de vases et de vaisselle d'or.

Tout près de là se trouvait au grand complet un beau salon en style Louis XV : glaces de Venise à cadres sculptés et dorés, trumeaux peints par un véritable artiste; pendules, candélabres en bronze doré... console dorée, table dorée, siéges dorés, lustre cristal et or, à vingt-quatre lumières, et, pour animer ce brillant intérieur, un marquis et deux marquises s'entretenant des affaires de la cour.

On voyait plus loin une fée traînée dans son char par deux chats jumeaux, un ménétrier Louis XV jouant de la guitare sur un tonneau, un lapin à cravate rose, pinçant de la harpe avec des tressaillements d'oreilles et un sourire charmant; un singe vêtu en sauvage et jouant du violon, une voiture d'enfants traînée par des chèvres bêlant à volonté, et au milieu de toutes ces belles choses un austère ermitage.

L'ermite vêtu de blanc se tient au milieu, assis sur une pierre et dans le plus parfait recueillement.

Tout à coup une horloge sonne l'*Angelus*. Le religieux se lève, puis se dirige à pas lents vers un petit autel placé en face de lui. Arrivé là, il s'agenouille, lève les yeux au ciel et fait en musique toutes ses dévotions avec une régularité de mouvements très-remarquable.

Sa prière terminée, il retourne à sa place, où il s'assied sur un nouvel air approprié à la circonstance.

— Oh! oh! on dirait qu'il est vivant! s'écria Maurice.

— Mais oui, répondit le petit Paul, il est vivant; seulement il ne mange jamais, c'est grand-père qui me l'a dit.

On y voyait encore une splendide écurie russe occupée par deux chevaux nommés : l'un INDOMPTABLE, l'autre MINUIT.

Un traîneau les attendait sous la remise.

Puis un fort où se trouvait représentée une lutte à la baïonnette. Puis des panoplies d'officier, de chasseur, de guide dans les montagnes, des armures, etc., etc., etc.

Et le papillon japonais, petit jeu très-amusant.

Puis quatre clowns qui dansaient sur la corde et faisaient tous les tours imaginables avec un entrain surprenant.

— C'est gentil!... gentil!... s'écriait Maurice.

Charlotte et Marianna, en leur qualité de petites filles, s'occupaient presque exclusivement des poupées. Elles admiraient la robe de l'une, la coiffure de l'autre, l'air éminemment distingué de celle-ci, la souplesse charmante de celle-là... Et de fait on eût pu croire que leurs gracieux vêtements sortaient des mains de Worth ou de madame Élise, la célèbre couturière, et que leurs chapeaux étaient l'œuvre de mesdames Moreau-Didsbury,

Leurs cheveux bruns ou roux, blonds ou cendrés, semblaient avoir été bouclés, crêpés, échafaudés, poudrés par les plus habiles coiffeurs, par ceux dont le coup de peigne jouit d'une grande et juste réputation.

Ces poupées sont tout un petit monde. S'il y en a parmi elles dont la fortune est modeste, il y en a aussi de fort riches et qui se présentent avec des trousseaux magnifiques, et même des mobiliers de luxe.

Comme elles couraient le risque de s'ennuyer dans leur armoire, on a imaginé de jeunes Messieurs, futurs diplomates en costume de cérémonie, qui viennent de temps en temps leur rendre visite dans un salon commun où ils causent ensemble de la meilleure grâce du monde, autant pour étendre le cercle de leurs connaissances que pour se former à la conversation.

La réception terminée, tous retournent dans leur boîte ou dans leur vitrine, en attendant qu'une heureuse occasion les réunisse de nouveau.

— Regarde donc, disait Marianna, en voilà une qui ressemble à ma sœur Cécile.

— Ah!... alors elle est très-gentille.

— Oui, elle a de grands yeux bleus et des cheveux noirs très-épais, très-longs. Oh!... elle est très-gentille ma sœur Cécile; elle ressemble tout à fait à maman.

— Et celle-là qui lit une lettre, reprit Charlotte en continuant sa revue à haute voix, est-elle bien coiffée!

— Et celle qui tient une grande part de gâteau!... dit le petit Paul qui s'était rapproché des deux fillettes.

— Un gâteau!... c'est un éventail! s'écria Charlotte en éclatant de rire. On peut dire que Paul voit des gâteaux partout.

— Je croyais..... répondit Paul sans se déconcerter, et il tourna sur ses talons.

Charlotte reprit son examen.

— En voilà une qui porte très-bien sa robe à traîne, dit-elle; regarde donc, Marianna?

— On croirait voir madame la Présidente, oh! mais tout à fait, fit observer celle-ci.

— On peut dire que leurs mamans ne les ont pas négligées, répliqua Charlotte.

— Ce n'est pas tout, Mesdemoiselles, elles sont encore très-savantes, dit alors un des commis de la maison.

— Très-savantes?... répéta Marianna.

— Oui, Mademoiselle, en voici une par exemple qui pronouce très-distinctement papa et maman.

— Je voudrais bien l'entendre, dit Marianna d'un air d'incrédulité.

— Eh bien! écoutez-la, Mademoiselle.

— Mais c'est extraordinaire!... s'écria la petite fille.

Le commis reprit :

— Elle va encore se promener toute seule, voyez plutôt.

La poupée, qu'on venait de poser sur le parquet, marchait

effectivement en agitant les bras et en regardant de tous côtés comme si elle était à la recherche de sa mère.

Marianna en resta stupéfaite.

Un autre commis, celui qui s'occupait de Maurice et de Paul, venait de leur exhiber un très-beau canard mécanique, de grandeur naturelle, auquel il donna trois tours de clef sous le ventre avant de le mettre en liberté.

L'animal se hâta de courir après la poupée, en poussant des *can can can* formidables, à tel point que celle-ci en parut épouvantée.

Les enfants riaient aux éclats de cette scène improvisée.

Le canard toujours plus effronté et la poupée dont la frayeur ne faisait que s'accroître, continuèrent ce jeu jusqu'au moment où ils se trouvèrent non à court d'haleine, mais au bout de leur ressort.

Tous deux s'arrêtèrent en même temps, se regardant en face d'un air très-désappointé, ce qui ne fit qu'augmenter l'hilarité générale.

— Mes enfants, reprit alors madame Leroy, il ne s'agit plus maintenant que de faire votre choix parmi ces jolis jouets.

— Ma tante !... que vous êtes bonne ! s'écria Marianna.

— Ma tante ! vous êtes très-bonne, crut devoir répéter Maurice.

— Voyons, ma chère Marianna, il me semble que cette poupée, qui parle et qui marche si bien, doit te convenir mieux que toute autre chose.

— Ma tante, elle est trop belle !... dit Marianna confuse.

— Si tu n'as pas d'autre reproche à lui faire...

— Assurément, ma tante.

— Prends-la donc ! Et toi, mon gros Maurice, parle, as-tu fait ton choix ?

— Ma tante... je voudrais...

Maurice s'arrêta court... dans la crainte d'être indiscret.

L'animal se hâta de courir après la poupée.

— Parle... que voudrais-tu ?...

— Eh bien je voudrais... ça !... ma tante.

Et il indiquait du doigt un équipement complet de chasseur.

— Ceci ?...

— Oui, ma tante, pour aller à la chasse avec père.

— Soit !... mon cher neveu..... Et toi, mon petit Paul, que désires-tu ?

— Moi !... dit Paul sans plus de façons, je veux un ballon aussi gros que ma tête...

— Tu l'auras deux fois plus gros.

— Oh ! que ce sera amusant !... je le jetterai à la tête de Pierrette.

— Comment, de ta bonne ?

— Pour jouer... aux Tuileries.

— A la bonne heure !... fit madame Leroy.

Puis s'adressant au commis :

— Vous voudrez bien, Monsieur, m'envoyer tous ces objets avant ce soir.

Le commis s'inclina.

— Seulement, comme j'ai le bonheur d'avoir deux nièces, vous comprendrez dans l'envoi une seconde poupée en tout semblable à la première.

— Oh ! ma tante, que Cécile va être heureuse !... s'écria Charlotte en se jetant au cou de madame Leroy, qu'elle embrassa affectueusement.

— Mais toi, Charlotte, il me semble que tu n'as rien choisi...

— Chère petite mère, j'ai tant de joujoux...

— Eh bien ?

Charlotte dit quelques mots à l'oreille de sa mère.

— Parfaitement, ma fille.

On descendit au premier étage.

Là, Charlotte choisit deux charmantes papeteries, y joignit six volumes de la bibliothèque rose, et dit en les désignant à Marianna :

— Pour Cécile et pour toi ; c'est mon cadeau.

— Oh ! Charlotte, que tu es aimable ! s'écria Marianna...

Les deux cousines s'embrassèrent avec effusion.

Madame Leroy fit joindre les emplettes de sa fille à ses propres achats, et dit lestement :

— Venez, mes enfants..... car notre promenade n'est pas terminée.

Tous quittèrent alors le magasin de Giroux pour suivre le boulevard des Capucines.

. . . .

— Est-ce que nous allons bien loin, ma tante ?... hasarda Maurice dès qu'il eut fait une vingtaine de pas.

— Pourquoi cette question, mon neveu ?

— C'est que je suis très-fatigué...

— En es-tu bien certain ? demanda madame Leroy en souriant.

— Oui, ma tante.

— N'éprouverais-tu pas plutôt le désir de retourner à la maison pour savoir si Giroux y a déjà envoyé les poupées de tes sœurs ?

— Oh ! non, dit naïvement Maurice, ce n'est pas pour les poupées, c'est pour essayer mon costume de chasseur.

Maurice eut un succès de fou rire.

— Prends patience, mon cher Maurice, tu pourras bientôt te donner ce plaisir ; mais il faut auparavant que vous me fassiez, à votre tour, un cadeau auquel je tiens extrêmement.

— *J'ai pas d'argent du tout, du tout*, dit Maurice qui écarta les bras en signe de détresse.

— Pauvre garçon, reprit madame Leroy.

— Moi j'en ai... dit Paul, j'en ai beaucoup.

— Ah !... tu en as beaucoup, toi, mon petit Paul ; beaucoup ? beaucoup ?

— Oui, j'ai dix sous! c'est grand-père qui me les a donnés, une pièce toute neuve...

— Eh bien, garde-la, mon cher enfant, car je me charge de solder le beau présent que vous allez me faire.

On se trouvait devant la maison qui porte le n° 35 du boulevard des Capucines.

Cette maison, peinte en rouge rehaussé d'or, avec une grande signature en diagonale qui occupe toute sa façade, et dominée par un immense vitrage, est d'un aspect quelque peu théâtral.

Nous voici arrivés, dit madame Leroy.

— Ma tante, est-ce que nous allons au spectacle? demanda aussitôt Maurice.

— Tu l'as deviné, mon enfant, nous allons au spectacle Nadar.

On pénétra sous le large vestibule qui communique de plain-pied avec le boulevard.

— Tiens! c'est rempli de portraits, fit observer Maurice...

— Y en a-t-il! Y en a-t-il! s'écria Marianna.

— Dis donc, ma tante, est-ce que c'est les portraits des acteurs qui vont jouer dans la pièce? reprit Maurice.

— Précisément, mon ami.

— Où allons-nous donc? demanda tout bas Marianna à sa cousine.

— Tu vas le voir, répliqua Charlotte d'un air mystérieux.

— Tiens! s'écria Maurice, on monte dans ce théâtre-là; ce n'est pas comme chez Séraphin.

— Oui, mon neveu, on monte deux étages.

Deux salons remplis de peintures, de dessins, de sculptures et de photographies précèdent le second escalier qui conduit à l'atelier de Nadar.

— En voilà-t-il des portraits! ne cessait de s'écrier Maurice qui regardait de tous côtés, furetait dans tous les coins, pendant que madame Leroy réglait son compte avec la caissière de la maison.

Ces préliminaires terminés, on fit monter les nouveaux clients dans le lieu des opérations photographiques, où le célèbre Nadar leur apparut avec sa haute taille, sa veste rouge et ses cheveux très-blonds et très-ébouriffés.

Le photographe fit un aimable salut.

Maurice le regarda avec défiance et se retira prudemment en arrière, tandis que Paul, trop parisien pour s'émouvoir ainsi, s'écriait :

— Tiens ! tout est bleu ici !

En effet, une clarté légèrement bleuâtre, due aux tentures qui garnissent le haut vitrage de l'atelier, y était répandue sur toute chose.

— Monsieur, dit madame Leroy en s'adressant au photographe, j'ai vu, faits par vous, de très-jolis portraits d'enfants, et je suis venue vous prier de me photographier en groupe tous ces bambins-là !

— A vos ordres, Madame, répondit Nadar ; et il prit subitement ses dispositions.

— Tante, c'est donc pas un spectacle ici ? demanda Maurice en retrouvant toute son assurance.

— Si, neveu, c'est un spectacle dont vos bonnes petites figures vont faire tous les frais.

— Ah ! fit Maurice, sans rien comprendre aux paroles de sa tante.

— Placez-vous-là, mes petits enfants, dit tout à coup Nadar.

Madame Leroy aida le photographe à donner une position convenable aux quatre petits personnages, ce qui ne fut point chose très-facile, car on ne leur avait pas plutôt choisi une attitude qu'ils se hâtaient d'en prendre une autre.

Les choses allaient enfin pour le mieux, quand Nadar démasqua un énorme objectif.

— A cette vue, Maurice rompit les rangs et courut se cacher derrière sa sœur.

— Eh bien! eh bien! s'écria madame Leroy, veux-tu, s'il te plaît, Maurice, retourner à ta place.

— Je ne veux pas qu'on me tire un coup de canon dans la tête, répondit Maurice en se mutinant.

Un éclat de rire accueillit ces paroles.

— Es-tu fou! s'écria madame Leroy; monsieur ne veut pas te tuer, il veut simplement faire votre portrait à tous.

— Mon portrait ! quand Cécile fait mon portrait, elle prend un crayon; elle ne me regarde pas avec un canon dans l'œil.

— Ce n'est pas la même chose, dit madame Leroy qui ne pouvait reprendre son sérieux ; allons, Maurice, viens poser, ou bien tu n'auras pas ton costume de chasseur.

Le petit garçon hésitait encore à obéir.

Madame Leroy ajouta :

— Poltron ! regarde donc si Paul a peur !

— Moi, j'ai pas peur du grand monsieur, répliqua Paul.

— Nous non plus ! dirent Charlotte et Marianna.

— Et vous avez bien raison, mes enfants, car ce canon-là n'a pas de lumière, dit en souriant le photographe.

— Ah ! il n'a pas de lumière? répéta Maurice un peu rassuré.

— Il n'en a pas même l'apparence, venez voir plutôt.

Maurice s'avança prudemment pour examiner l'objectif, le fit avec beaucoup d'attention, et retourna prendre sa place en disant :

— C'est pas un canon *pour de vrai*.

Quelques minutes plus tard l'opération était heureusement terminée.

Charlotte, Marianna, Maurice et Paul se détachaient admirablement groupés sur un grand carré de glace.

— C'est déjà fini ! dit Maurice étonné.

— Tu le vois, mon cher neveu.

— Et ma sœur Cécile qui met plus d'une heure pour faire mon portrait tout seul ; je lui dirai joliment qu'elle est une paresseuse, fit Maurice en hochant la tête d'un air ironique.

Le soir même, Nadar envoyait, selon sa promesse, deux belles épreuves des portraits de nos jeunes amis.

Madame Leroy en garda une et remit l'autre à son frère qui fut ravi de cette agréable surprise.

. . . .

Le lendemain, jour de la séparation, tout notre monde se trouvait réuni au salon.

Charlotte, Marianna, Maurice et Paul, après s'être tant amusés de compagnie, allaient se dire, non pas adieu, mais au revoir !

Maurice avait revêtu son attirail de chasseur, afin de produire tout son effet en arrivant à la Martinière. Cet effet devait être d'autant plus grand qu'il possédait maintenant deux fusils et en tenait un de chaque main.

De son côté, Charlotte, à qui son oncle venait d'offrir un riche coffret acheté chez Tahan, ne cessait de lui en témoigner toute sa joie.

A la belle poupée qu'elle avait donnée à Marianna dès son arrivée la bonne petite fille avait ajouté une poupée non moins belle pour Cécile, et les avait réunies dans une caisse aux deux poupées mécaniques achetées la veille chez Giroux par madame Leroy.

— De cette façon, avait-elle dit à sa cousine, les quatre sœurs arriveront chez toi sans chiffonner leurs robes, et tu pourras dire en les présentant :

— « Petite mère et grand'mère, voilà une famille de petites Parisiennes que je vous amène ; voyez comme elles sont bien élevées, comme elles ont eu soin de leur toilette pendant le voyage. »

Les bagages étaient là, tout prêts, on n'attendait plus que la voiture qui avait mission de les emporter au chemin de fer, et cette voiture, on se hâtait de l'atteler.

— Papa ! s'écria tout à coup Maurice, est-ce que nous n'allons pas bientôt partir?

— Fi !... le vilain, qui est impatient de nous quitter... dit madame Leroy.

— Et qui ose le dire, ajouta monsieur Fournier.

— C'est pas pour quitter tante, c'est pour voir petite mère et grand'mère... et aussi Surveillant... et puis pour

18

aller à la chasse et rapporter des lièvres et des canards pour le déjeuner.

— Si c'est là ton intention, je te pardonne, dit madame Leroy en embrassant son neveu.

— Mais oui, tante... c'est pas pour autre chose.

Charlotte quitta son oncle et revint auprès de Marianna.

— Tu m'écriras tout de suite, lui dit-elle.

— Oui, tout de suite, sois tranquille.

— Et moi aussi, je t'écrirai, ajouta Maurice.

— C'est cela, répliqua Charlotte en l'embrassant.

— J'écrirai aussi à tante.

— J'y compte, mon cher neveu.

— Et je dirai quelque chose pour Paul dans ma lettre.

— Et moi je te répondrai, dit Paul qui, pas plus que Maurice, n'était capable d'écrire un seul mot.

— C'est cela, nous nous écrirons tous, et de très-longues lettres, dit monsieur Fournier.

Le domestique annonça que la voiture était prête.

Quelques minutes plus tard, nos voyageurs, reconduits par madame Leroy, Charlotte et le petit Paul, entraient dans la salle d'attente du chemin de fer qui conduit au Havre.

Ils avaient auparavant échangé bien des serrements de mains et force gros baisers ; de vrais baisers de famille.

Les portes qui communiquent avec la voie ferrée s'ouvrirent presque aussitôt.

Monsieur Fournier, Charlotte et Maurice disparurent.

— Les voilà partis ! dit madame Leroy avec une sorte de mélancolie.

— C'était si gentil d'être tous ensemble, répondit Charlotte avec des larmes dans les yeux.

Madame Leroy embrassa tendrement sa fille.

— Console-toi, lui dit-elle, dans quinze jours nous partirons pour la Martinière.

— J'irai aussi, moi, s'écria résolûment le petit Paul.

— Et ta maman? tu l'oublies donc? demanda madame Leroy.

— Maman! je l'emmènerai avec grand'-père.

— Au fait! dit madame Leroy en souriant.

ÉPILOGUE

CHAPITRE XI

EN CHEMIN DE FER

Monsieur Fournier et ses deux enfants eurent la bonne fortune de trouver un compartiment entièrement vide, où il leur fut permis de s'installer aussi commodément que possible.

Marianna et Maurice, placés chacun dans un angle, en vis-à-vis, examinaient avec curiosité le va-et-vient qui, dans chaque gare de chemin de fer, précède le départ d'un train.

— Dis donc, papa, est-ce que nous allons bientôt partir? demanda Maurice.

— Dans quelques minutes, mon ami.

— Et le chemin de fer ira très-vite! très-vite! en faisant *vouf! vouf!* comme le jour où nous sommes venus pour voir tante? reprit Maurice.

— Oui, mon ami, car il fait exactement le même bruit pour s'en retourner que pour venir.

— Ah !... Alors les voleurs ne peuvent pas l'arrêter ?

— Non, mon ami, et c'est ce qui doit, tu le penses bien, les ennuyer considérablement.

— Et s'ils voulaient l'arrêter tout de même ?

— Et bien, ils se feraient écraser ; voilà tout.

— C'est ça qui serait bien fait, dit Maurice.

— Sois tranquille, ils n'auront pas la folie de s'y exposer.

— Dis donc, papa, est-ce que nous serons bien longtemps en wagon avant d'arriver à la Martinière ?

— Six heures à peu près, mon fils.

— Et grand'mère, petite mère et Cécile seront couchées ?

— Ta grand'mère, toujours un peu souffrante, sera bien certainement dans son lit, mais ta mère et Cécile nous attendront, j'ai lieu de le croire.

— Avec leurs filets de nuit? par exemple.

— Ça, c'est possible, et j'espère que leur toilette ne vous empêchera pas de les revoir avec plaisir, chers enfants?

— Oh! non, papa, répondit vivement Marianna.

— Et toi, Maurice, tu ne réponds pas.

— Moi, papa, j'embrasserai très-fort grand'mère, petite mère et Cécile ; mais je voudrais les emmener tout de suite pour voir Guignol et Séraphin, et puis les canons *pour de vrai*, et la cuisine de l'ogre, et les animaux du Jardin des Plantes, et tout ! tout ! tout !

— Paris te plaît donc beaucoup?

— Oui, papa, *très-beaucoup*.

— Et à toi, Marianna?

— A moi aussi, papa.

— Tu le préférerais à la Martinière?

— Dame, papa, c'est si amusant Paris.

— Oui, c'est bien amusant, répéta Maurice.

— Pour quelques jours, sans doute, mes enfants, répondit monsieur Fournier.

— Moi, papa, je l'aimerais bien pour toujours, dit Marianna.

— Moi aussi, ajouta Maurice.

— Il est vrai que vous le connaissez peu, reprit monsieur Fournier.

— Je t'assure, papa, que nous le connaissons très-bien, répondit Maurice.

— Parfaitement, dit Marianna.

— Eh bien, je vous montrerai, moi, un vieux rat de la Martinière qui le connaît encore mieux que vous.

— Un rat de la Martinière! s'écria Maurice d'un air de doute.

— Papa dit ça pour s'amuser, repartit Marianna.

— Je dis la vérité, et, pour peu qu'il vous plaise d'entendre son histoire, je puis vous la raconter dans ses plus petits détails, car je la tiens de lui-même.

— Ah! papa, un rat ne parle jamais, objecta Marianna.

— Non, mais cela ne l'empêche pas de s'exprimer à sa manière, et, cette manière, je l'ai suffisamment étudiée pour la connaître à fond.

— Alors, papa, tu veux bien nous raconter ce qu'il t'a appris? dit Marianna.

— Avec plaisir, ma fille, cela pourra toujours nous servir à abréger la longueur du chemin.

— C'est ça, dit Maurice en prenant l'attitude d'un auditeur attentionné.

Le train, qui s'était mis en route depuis quelques minutes, venait de s'engager avec un sourd grondement sur le pont d'Asnières.

Monsieur Fournier attendit que ce surcroît de bruit eût cessé, et commença la narration suivante, qu'il intitula :

HISTOIRE DE RATON-FINE-OREILLE ET DE RATON-GRAND-PIF

Une famille de rats, jouissant d'une haute considération parmi les rongeurs, s'était établie depuis plus d'un siècle dans une vieille maison de la rue Jeannisson, rue qui a été récemment emportée par la place qui s'étend devant le Théâtre-Français.

Cette famille, originaire de la Martinière, avait conservé non-seulement des parents, mais encore des intérêts dans le pays.

Les rats de Paris et les rats de la Martinière n'avaient donc jamais cessé de se visiter réciproquement, ou tout au moins de correspondre, même à travers les plus grosses révolutions.

Les deux familles portaient le même nom, avec cette différence que les deux branches, l'aînée et la cadette, avaient des sobriquets différents.

Ainsi les Raton de Paris, qui appartenaient à la branche aînée, s'appelaient les *Raton-Fine-Oreille*, et leurs cousins les *Raton-Grand-Pif.* — Quelques auteurs prétendent que le mot PIF, omis dans le Dictionnaire de l'Académie, nous vient de la Chine et qu'il signifie GRAND NEZ. Bref! ces deux surnoms étaient parfaitement mérités, en ce que les premiers entendaient venir leur ennemi à deux kilomètres de distance, grâce à la finesse de leur ouïe, et que les seconds le flairaient d'une lieue, grâce à la longueur de leur nez ou plutôt à la perfection de leur odorat.

Un Raton-Fine-Oreille allait-il en suivant les bords de la Seine jusqu'à la mer pour prendre un bain par raison de santé, il ne manquait jamais de s'arrêter en chemin pour rendre visite à ses cousins de la Martinière.

D'autre part, un Raton-Grand-Pif éprouvait-il le besoin

de se distraire, crac! il faisait une pointe jusqu'à Paris, et s'en allait tout droit chez ses parents de la rue Jean-nisson.

Il faut mentionner ici qu'en pareille circonstance, ils s'accueillaient mutuellement avec des transports de joie.

Or, il advint, il y a quelques années de cela, qu'un Raton-Grand-Pif fut pris d'une profonde tristesse.

Quelle en était la cause?...

Personne ne la soupçonnait, et lui-même disait l'ignorer.

Comme il fallait prendre un parti, son père, après y avoir mûrement réfléchi, se décida à le faire voyager pendant un mois, afin de l'arracher à cette pénible disposition d'esprit.

Le Raton-Grand-Pif fut à peine informé de cette décision, qu'il tressaillit d'aise, car, au fond, sa maladie avait pour cause unique un désir immodéré de voir Paris dont il avait entendu raconter des choses surprenantes par ses aînés.

Un rat, qu'il soit de petite ou de grande origine, de France ou d'Angleterre, a bien vite fait ses dispositions de voyage, et Raton-Grand-Pif partit le soir même, après avoir mangé par provision, bu un bon coup, et embrassé toute sa famille.

Il va sans dire que son père lui avait très-exactement indiqué son chemin, et donné les plus utiles conseils pour éviter les embûches que la férocité des chats, aussi bien que la malice humaine, dressent incessamment sous les pas d'un pauvre rat sans expérience.

Gagner les bords de la Seine et la remonter jusqu'à Paris : tel était en définitive son itinéraire; c'était simple comme bonjour, et le rat le plus dénué d'intelligence ne pouvait s'y tromper.

Raton-Grand-Pif partit donc en dissimulant sa joie, ce qui n'était pas précisément nécessaire dans le cas présent; mais on trouve chez certains rats ce qu'on rencontre chez quelques enfants, un degré de sournoiserie dont ils ne peuvent jamais se départir complétement.

Il était d'autant plus joyeux qu'il partait seul, et par conséquent libre comme l'air. Sa mère avait bien parlé de l'accompagner, mais son petit dernier qui tétait encore lui imposait d'autres soins.

Quant à son père, il avait la haute direction des affaires de la famille, et ne pouvait s'absenter ni pour or ni pour argent.

La lune éclairait magnifiquement le paysage, et Raton-Grand-Pif, qui avait déjà gagné les bords de la Seine, allait un train d'enfer. Il semblait que ses pattes, faites d'un acier flexible, eussent la force et la mission de le porter au bout du monde.

Il fit plus de quinze lieues pendant la première nuit.

Le matin venu, il courut se blottir dans un champ de blé, mangea quelques épis, puis fit un somme pour se reposer de cette première étape.

Ses forces réparées, ce qui ne fut pas long, il secoua ses oreilles, étira ses pattes, et, reprenant sa première allure, il continua aussitôt de remonter le cours du fleuve.

Plus il se rapprochait du but de son voyage, et plus le mouvement augmentait autour de lui ; mais, comme il avait été averti de cette particularité, il ne s'en effraya pas ; il se contenta, le jour, de trotter plus à couvert, et, la nuit, de se reposer assez à l'écart pour échapper à la griffe des chats et aux regards de l'homme.

Abri, nourriture, boisson, il trouvait tout à souhait, et son voyage s'accomplissait le plus heureusement du monde, quand il se blessa tout à coup en marchant sur un éclat de vitre.

Cet accident eut lieu aux environs d'Asnières, à quelques kilomètres de Paris.

Par bonheur, l'éclat de vitre qui avait blessé une patte

de devant, la gauche, avait respecté les trois autres. — Raton-Grand-Pif en fut quitte pour poursuivre sa route sur ses pattes de derrière, s'aidant d'un petit bâton qu'il trouva juste à point pour lui servir de canne.

Enfin, huit jours après son départ de la Martinière, il faisait son entrée à Paris en passant sous le pont de Grenelle.

Il avait eu plus d'un sujet d'étonnement en route : il avait aperçu un train de chemin de fer passant comme un ouragan sur un pont de la Seine, puis une longue suite de chalands remorqués par un bateau à vapeur qui se glissait en grinçant sous une interminable chaîne ; il avait encore vu un aérostat traînant dans l'air une nacelle où s'agitaient des hommes, et d'autres curiosités qui lui étaient inconnues jusque-là ; mais rien ne l'avait plus surpris, plus émotionné que le premier aspect de la grande ville.

Ces berges nivelées, pavées, dallées, ces escaliers de pierre, ces parapets alignés au cordeau, surpassaient tout ce que son imagination avait rêvé de plus splendide.

Mais bientôt la surprise fit place à la frayeur, et Raton-Grand-Pif se mit à trembler de tous ses membres ; le malheureux venait de s'apercevoir que ces quais si beaux n'offraient pas, dans toute leur étendue, un seul trou, une seule anfractuosité, pouvant servir de retraite au raton le plus menu ; il se disait que son plus jeune frère, celui qui était encore à la mamelle, ne pourrait y cacher la fine extrémité de sa petite queue.

Puis, comme conséquence naturelle de sa première remarque, il songea que ses cousins, les Raton-Fine-Oreille, demeuraient au centre de la ville, et qu'il ne pouvait se rendre chez eux sans se montrer aux yeux des passants, et s'exposer ainsi aux plus grands dangers.

A force de jeter les yeux autour de lui, il aperçut dans l'éloignement un gros tas de moellons, et il courut s'y cacher pour mieux réfléchir à la gravité de sa position.

Son père avait bien essayé de le prémunir contre toutes les éventualités de son voyage, mais il avait, par hasard sans doute, négligé de lui rien dire à ce sujet.

Assis entre trois pierres, solidement adossé, et son bâton de voyage entre les pattes, il cherchait une issue à sa triste situation, quand une idée fort simple, et qu'il aurait pu avoir tout d'abord, vint fixer ses irrésolutions.

Il n'y avait qu'à attendre la fin du jour pour se diriger vers la place du Carrousel, et, de là, se rendre en deux sauts à la rue Jeannisson.

Râton-Grand-Pif se résigna donc à demeurer jusqu'à la nuit dans le refuge qu'il s'était choisi.

Le temps finit par lui sembler bien long, non qu'il fût trop faible d'esprit pour supporter l'isolement, mais parce qu'ayant très-faim, il n'osait aventurer son long museau dehors pour se procurer des aliments, d'ailleurs très-rares de ce côté où il n'y avait plus de champs, et où la grande ville n'offrait pas encore de ressources. Il regrettait vivement de n'avoir pas emporté une ceinture qui lui aurait permis de se serrer le ventre et de maîtriser ainsi la force de son appétit.

Sa consolation consistait à se dire qu'il arriverait le soir même chez les Raton-Fine-Oreille, et qu'il trouverait certainement là de quoi se réconforter amplement.

Aussi le jour n'eut pas plutôt baissé, que Raton-Grand-Pif sortit de son coin, et se mit à trotter le long du mur qui borde le quai, s'effaçant le plus possible pour ne pas attirer l'attention des passants.

Cette précaution était bien inutile, car il n'y avait plus à cette heure, au bord de l'eau, qu'un seul être vivant, et cet être, c'était lui-même.

Sa patte, qu'il avait beaucoup léchée depuis le matin, était complétement guérie, et il avait si bien retrouvé son pas des premiers jours, qu'au bout d'une heure il laissait derrière lui le quai des Tuileries, et se trouvait à la hauteur du bain Vigier, qu'il reconnut à première vue, tant la description que son père lui en avait donnée était exacte.

Une fois là, il s'arrêta pendant quelques minutes, autant pour reprendre haleine que pour se préparer à franchir la place du Carrousel, qu'on lui avait dit être la partie dangereuse de son voyage, en ce que cette cour comprend un très-grand espace sans abri d'aucune sorte, et où de nombreuses voitures circulent en tous sens, sans jamais crier gare aux ratons qui la traversent.

— Bah ! se dit notre voyageur en lui-même, j'ai bien assez de nez pour me tirer sans encombre de ce pas difficile et arriver sain et sauf chez nos parents. S'il en était autrement, je ne serais pas un vrai Raton-Grand-Pif.

Puis, comme la faim recommençait à se faire prodigieusement sentir, il s'écria :

— Une ! deux ! trois !...

Et il gravit lestement le grand escalier des bains qui se trouvait devant lui.

C'en était fait ! il était sur le quai. Sa première sensation fut un éblouissement, car de sa vie il n'avait vu autant de lumières ; nous devons dire, pour expliquer ce fait, qu'il en aperçut au moins une dizaine à la fois.

Un peu plus et il s'évanouissait ; mais il faut du temps pour s'évanouir à son aise, et le bruit qui se faisait autour de lui le força de se remettre au plus vite ; ce qui fut en somme très-heureux, car il évita ainsi d'être écrasé par un vélocipède qui venait à toute vitesse de son côté.

L'aile du Louvre qu'on reconstruisait alors lui faisait face.

Rapide comme le vent, Raton-Grand-Pif traversa la chaussée pour chercher un refuge au milieu des grosses pierres amoncelées là en quantité considérable. Il n'avait plus maintenant qu'à gagner le Carrousel, ce qu'il fit sans hésiter en traversant le chantier de construction.

Notre voyageur poussa un cri de joie en s'apercevant qu'il n'était plus qu'à vingt pas de la grille des Tuileries.

Son père lui avait dit : « Arrivé devant cette grille, tu la suivras dans toute sa largeur, tu passeras sous le guichet qui est au bout, tu n'auras plus ensuite qu'à traverser la rue de Rivoli, et un peu plus loin la rue Saint-Honoré pour te trouver à vingt pas de la rue Jeannisson. Tu ne feras alors mine de rien, et, te faufilant sous les bordures des trottoirs qui surplombent tous les ruisseaux de Paris, tu t'adresseras au premier rat venu, lequel t'indiquera avec le plus grand plaisir, j'en ai la certitude, la demeure de nos cousins, les Raton-Fine-Oreille.

Raton-Grand-Pif, s'étant ainsi remémoré les paroles de son père, prit ses pattes à son cou, et courut sans s'arrêter jusqu'à l'angle de la rue Jeannisson, où il arriva tout en nage.

— C'est comme moi quand j'ai trop couru, dit Maurice qui était très-attentif et venait de risquer sa première interruption.

Monsieur Fournier continua :

— Une gargouille était béante devant lui, il s'y précipita pour essuyer son front et réparer les désordres de sa toilette, c'est-à-dire secouer la poussière de ses pattes, lisser son poil, et donner le pli à sa moustache qu'il avait très-belle pour un jeune rat.

Il achevait à peine de se mettre en état de paraître devant les Raton-Fine-Oreille, quand un cri se fit entendre à quelques pas de lui.

Notre voyageur tourna vivement la tête de ce côté.

Un vieux rat, occupé à ronger la queue d'une asperge, avait du coin de l'œil aperçu le nouvel arrivé, et soudain, interrompant son repas, il s'était avancé vers lui d'un air souriant.

— Eh mais ! dit-il aussitôt, je ne me trompe pas, c'est bien un Raton-Grand-Pif que j'aperçois.

A ces paroles, les deux rats se précipitèrent dans les pattes l'un de l'autre.

— Ça devait être très-gentil à voir, dit Maurice.

— Mais tais-toi donc, tu interromps toujours, s'écria Marianna.

— Laisse-le, ça exerce son esprit, dit monsieur Fournier.

— Oui, ça exerce mon esprit, répéta gravement Maurice.

Son père poursuivit :

— Après cette embrassade vraiment très-affectueuse, le Raton-Fine-Oreille, qui n'était rien moins que le chef de cette famille, entraîna le Raton-Grand-Pif, afin de le conduire dans ses appartements. Marchant le premier, comme il appartient à un guide, il suivit plusieurs rigoles, passa sous une épaisse muraille, traversa une petite cour assez sale, deux écuries, une resserre, et finalement se coula derrière la margelle d'un puits où l'on rencontrait un trou creusé en pente douce qui aboutissait à une cave aussi profonde que spacieuse.

C'était là que les Raton-Fine-Oreille avaient, de père en fils, élu domicile depuis plus de cent ans.

Pour tout dire, cette cave servait simplement d'antichambre à leurs appartements privés, creusés fort artistement dans l'épaisseur des murs.

Le vieux Raton-Fine-Oreille qui s'était retourné plus de vingt fois pendant le trajet pour s'assurer qu'il était suivi par son jeune compagnon, lui dit alors :

— Mon cher enfant, nous voici chez nous.

Puis, après avoir jeté un regard devant lui, il s'écria tout à coup avec indignation :

— Un piége devant notre porte !... Quels bandits !...

— Un piége !... répéta Raton-Grand-Pif.

— Pourvu qu'un malheur ne soit pas encore arrivé ! reprit le vieux rat avec une vive inquiétude.

En une seconde il eut fait le tour du redoutable engin.

— Non !... heureusement, dit-il avec joie.

Il se mit à examiner le piége avec tous les airs d'un fin connaisseur.

— C'est une vraie machine infernale, poursuivit-il... Viens la voir, mon cher Raton-Grand-Pif ; plus que jamais il est bon de ne rien ignorer.

Notre voyageur s'approcha non sans trembler du fatal appareil, et dit avec une profonde horreur :

— Je n'aurais jamais cru à une méchanceté si noire.

— On raffine sur tout à Paris, reprit le vieux rat ; dans ma jeunesse on pouvait, il est vrai, se trouver pris dans un piége ; mais avec un peu d'adresse et d'efforts on en était presque toujours quitte pour y laisser un petit bout de sa queue ; aujourd'hui on y est assommé ou déchiré du premier coup.

— C'est abominable, murmurait Raton-Grand-Pif.

Le vieux rat reprit aussitôt :

— Mais tout cela n'est pas une raison pour rester-là les pattes croisées, et tu vas m'aider, mon cher enfant, à renverser cette belle machine et ensuite à la repousser dans un coin ; ce sera l'affaire de deux ou trois coups d'épaule.

Raton-Grand-Pif, qui était un animal de bonne volonté, se mit aussitôt à l'œuvre avec son cousin.

Le temps de compter jusqu'à trois, et le piége, dont la détente partit au premier choc, mais sans tuer ni blesser personne, fut relégué à l'écart, sous un monceau de planches et de différents débris, enfin, dans un endroit où il ne pouvait nuire à personne, et où son propriétaire aurait de la peine à le retrouver.

— C'était bien fait ! dit Maurice.

Monsieur Fournier continua :

— Cette vengeance accomplie, Raton-Grand-Pif et Raton-Fine-Oreille se frottèrent les pattes avec satisfaction :

— Maintenant cherche ! cherche ! il se passera quelques jours avant que tu puisses remettre la main sur ton terrible piége, s'écria le vieux rat d'un ton ironique.

— Je le crois, dit Raton-Grand-Pif.

Aucun obstacle ne s'opposant plus à leur passage, Raton-Fine-Oreille conduisit son jeune cousin dans ses appartements privés, où il fut reçu avec des cris d'enthousiasme.

Puis tous les Raton-Fine-Oreille vinrent tour à tour l'embrasser et lui serrer la patte avec une cordialité et une effusion charmantes.

On s'apercevait tout de suite qu'ils n'étaient pas de ces parents qui vous souhaitent volontiers la bienvenue à la condition expresse qu'ils vous diront adieu quelques minutes après.

La sincérité de leur bon accueil était hors de doute. On se pressait autour du visiteur, on l'interrogeait sur sa santé, sur celle de tous les siens, y compris Mimi-Raton, celui qui tétait encore, et dont ils avaient appris la naissance avec un extrême plaisir... On désirait franchement savoir s'il était bien venant, s'il avait le museau et les griffes de la famille, etc., etc...

— C'était comme à notre arrivée chez tante, fit observer gravement Maurice.

— Oh !... absolument !... dit Marianna d'un ton moqueur.

Monsieur Fournier continua :

— Tout à coup le chef de la famille, vieux rat renommé pour son bon sens, interrompit tout le monde en s'écriant :

— Mais j'y songe, tu viens de trop loin pour n'avoir pas faim et soif, mon cher cousin.

Notre voyageur saisit l'occasion aux cheveux.

— Je ne vous cacherai pas, chers parents, dit-il, que j'ai le ventre creux comme un tambour.

— Et nous qui prenons plaisir à te faire bavarder !...

Allons vite !... qu'on mette le couvert du petit cousin !

Tous les Raton-Fine-Oreille culbutèrent les uns sur les autres, dans leur empressement à exécuter les ordres de leur père.

— Là ! là !... un peu de mesure dans vos mouvements... s'écria celui-ci.

Se tournant alors vers le voyageur :

— Mon cher enfant, lui dit-il, pose ta canne dans un coin et mets-toi à ton aise, je t'en prie.

— Vous êtes vraiment bien bon... cousin.

— Bien bon ?.. mille souris blanches ! mais je serais le dernier des ingrats, si toute ma maison n'était au service de nos cousins de la Martinière, de ces chers parents qui nous ont cent fois hébergés chez eux de la meilleure grâce du monde... Et, pour mon compte, je n'oublierai jamais que ton père a fait un jour plus de trois lieues pour me rapporter du fromage de Roquefort qu'on ne pouvait se procurer que dans la cave d'un gentilhomme des environs. J'avais dit, sans y prendre garde, qu'à Paris j'en mangeais chaque soir pour terminer mon repas, et v'lan ! il était parti pour en faire provision. — Ajoute à cela qu'il y avait bien une douzaine de chats dans le château de ce grand seigneur, et qu'il est passé à travers toute cette vile engeance dans l'unique but de m'être agréable.

Le vieux rat fut interrompu dans son histoire par le retour des membres de sa famille qui reparaissaient tous chargés de friandises à l'intention de leur cousin.

Ils se hâtèrent de les disposer sur le sol.

C'était un ensemble de choses vraiment succulentes.

On y remarquait des épluchures de différents légumes, un reste de chandelle, un peu de galantine truffée, de la brioche, deux antennes de homard, un os de poulet, un reste de croquette de pommes de terre, et quelques miettes de biscuit. Tous ces comestibles, ramassés fort proprement sur plusieurs tas d'ordures, avant le passage des chiffonniers, avaient un air très-appétissant, et notre affamé les considérait avec des yeux avides.

— Mange, mon enfant, lui dit le vieux rat de sa voix la plus engageante, et, si cela ne te suffit pas, sois tranquille, nous en trouverons d'autres.

Raton-Grand-Pif ne se fit pas répéter l'invitation, et se jeta sur le bout de chandelle qu'il avala en quelques secondes.

— Avec la mèche? demanda Maurice.

— Avec la mèche, mon fils...

Monsieur Fournier reprit aussitôt.

— Il passa ensuite aux antennes de homard, aux épluchures, à l'os de poulet, au morceau de croquette, et termina son repas par la brioche et le biscuit. Il n'avait pris que le temps de tordre et d'avaler, en vrai campagnard qu'il était.

Les Raton-Fine-Oreille s'étaient beaucoup divertis à le voir agir si bravement. Cependant, comme son ventre s'était sensiblement arrondi, et qu'on aurait eu de la peine à se procurer tout de suite un verre du vin digestif inventé par Chassaing, on se dispensa de lui offrir de nouveaux aliments; il fut simplement conduit dans le dortoir de la famille où il ronfla jusqu'au lendemain soir.

A Paris, la journée d'un rat ne commence guère qu'à la nuit. Raton-Grand-Pif, dont on avait guetté le réveil, fut à peine remis sur ses pattes que son vieux cousin l'emmena dehors pour lui faire visiter la *capitale*, nom par lequel les rats de la Martinière désignent invariablement la ville de Paris.

Il avait été convenu qu'on déjeunerait en chemin.

Notre jeune voyageur désirait surtout voir le Palais-Royal, le Louvre et les boulevards.

Le Palais-royal ne se trouvant guère qu'à quelques pas de

la rue Jeannisson, on l'y conduisit pour lui faire admirer les innombrables parures de diamants qui brillent aux vitrines des bijoutiers.

A la vue de tant de richesses, notre provincial poussa un cri d'admiration qui fit retourner quelques promeneurs. Son cousin n'eut que le temps de l'entraîner par un couloir dans la rue Montpensier où tous les deux se blottirent vivement sous un trottoir.

On était déjà à leur poursuite.

Le danger passé, le vieux Raton-Fine-Oreille se hâta de faire comprendre à son parent qu'un rat prudent et bien élevé devait s'abstenir de manifester ses sentiments tout haut dans les rues de Paris, sous peine de se faire un mauvais parti.

Raton-Grand-Pif se souvint alors des recommandations de son père, s'excusa et promit de s'observer à l'avenir.

Comme il avait déjà une idée du Palais-royal, le vieux rat crut devoir lui faire voir immédiatement les cours du Louvre.

Notre provincial les trouva splendides : jamais, disait-il, il n'avait rien vu de plus grandiose.

— N'est-ce pas que c'est beau, mon enfant?

— Très-beau, cousin, très-beau, mais...

— Mais?

— C'est que je suis en train de me dire qu'un pauvre rat aurait bien de la peine à se creuser un logis dans ces belles pierres.

— Sans doute, et je t'accorde qu'on n'a guère songé à eux en faisant construire cet admirable monument.

— C'est mal, dit naïvement Raton-Grand-Pif, car enfin on devrait un peu songer à tout le monde quand on fait une si grosse dépense.

— J'ai bien souvent dit cela, mon ami, mais bah!... on n'a jamais voulu m'écouter.

— Si nous allions jeter un coup d'œil sur les boulevards? dit alors le provincial qui eût voulu tout voir à la fois.

— Rien de plus facile, nous n'avons qu'à passer sous l'arcade qui est à notre droite, et à remonter jusqu'au bout le ruisseau de la rue Richelieu.

— Est-ce qu'il n'y a pas un autre chemin?

— Celui-là est très-beau, très-direct.

— Je ne dis pas le contraire, mais il me semble avoir remarqué que les ruisseaux de Paris ne sentent pas très-bon...

— Tu as là une bien singulière idée, mon garçon...

— Pas du tout... et je trouve même qu'ils sentent très-mauvais.

Le vieux rat le considéra d'un air équivoque.

— Pardon, pardon, je ne dis pas ça par méchanceté, s'écria vivement Raton-Grand-Pif, qui craignait d'avoir offensé son parent.

— Je vois bien que tu ne mets aucune malice dans tes paroles, cher enfant, seulement, en ta qualité de Raton-Grand-Pif, tu as une subtilité d'odorat qui te ferait, j'en suis convaincu, trouver de l'odeur aux rayons de la lune.

Et le vieux rat se mit à rire silencieusement.

Notre provincial, pour ne pas désobliger son parent, rit autant que lui et de la même manière, ce qui ne l'empêcha pas de garder son opinion.

Tout en causant de la sorte, nos deux rats étaient arrivés à l'angle du boulevard Montmartre.

Raton-Grand-Pif, que les choses éclatantes attiraient, ne fût pas plutôt là que ses yeux recommencèrent à s'ouvrir démesurément, et qu'il s'apprêtait à lancer une nouvelle exclamation, quand son compagnon lui mit vivement une patte sur le museau.

— Silence ! mon ami, prends bien garde, lui dit-il.

Notre provincial se tint coi, maudissant intérieurement le besoin d'expansion qui était en lui.

— Mille souris blanches!... ne me parle ici qu'à l'oreille ou par signes, ajouta le vieux rat.

— Ces boulevards sont admirables! dit Raton-Grand-Pif en se faisant une petite voix de souris.

— N'est-ce pas, mon ami, répondit le vieux rat flatté dans son orgueil de citadin.

— Que d'or! de lumières! de bijoux! de tableaux! de gravures! et aussi que de livres dans ces beaux magasins!

— Admire! admire mon enfant! car nulle autre part tu ne verras un pareil spectacle.

— Mais pourquoi tous ces gens-là ont-ils l'air de se bousculer en marchant?

— C'est pour arriver plus tôt, cher cousin.

— Mais où vont-ils?

— Eh! mon Dieu, à leurs affaires.

— Oui, ils vont chercher à boire et à manger.

— Ils ont bien d'autres besoins, qui les obligent en même temps à chercher de quoi se vêtir, se loger, etc., etc.

— Se vêtir? je n'ai jamais entendu parler de ça.

— Cela consiste à se mettre une étoffe taillée exprès sur les jambes et sur les épaules.

— Comment! ce n'est donc pas leur peau que je vois?

— Ah bien oui! leur vraie peau est au milieu de toutes ces loques.

Et le vieux rat très-égayé par la naïveté de son cousin comprima un fou rire.

— Par exemple, voilà qui est drôle, dit le Raton-Grand-Pif.

— Que veux-tu! si ces gens-là avaient l'esprit des rats ou des autres animaux, ils agiraient différemment.

— Moi, j'aurais parié que je voyais leur peau.

— Je t'en moque! et bien mieux, c'est qu'il leur est défendu de la montrer, si ce n'est celle du visage et des mains; encore mettent-ils presque tous des gants, sans parler des femmes qui portent très-souvent des voiles.

— Vous voulez rire, cousin? hasarda Raton-Grand-Pif avec défiance.

— Pas le moins du monde... et d'ailleurs tu n'as qu'à examiner les gens qui passent.

— C'est vrai... c'est vrai... dit notre provincial après quelques minutes d'attention.

— Je vois, mon garçon, que ce voyage ne t'était pas inutile pour connaître un peu le fond des choses, reprit le vieux rat d'un air important.

— Mais ces voitures ne vont donc pas finir de passer? s'écria tout à coup Raton-Grand-Pif, tellement préoccupé qu'il en oublia cette fois de parler bas.

— Au rat! au rat! crièrent aussitôt plusieurs voix.

Raton-Fine-Oreille et Raton-Grand-Pif, heureusement cachés par le bord du trottoir, détalèrent avec une telle rapidité qu'ils étaient déjà à l'angle de la rue Neuve-Saint-Augustin, qu'on les cherchait encore devant le passage des Princes.

Pendant huit jours le vieux Raton-Fine-Oreille promena son jeune parent à travers Paris... lui faisant voir tout ce qui pouvait intéresser un rat de province.

— C'est comme tante avec nous, ne put s'empêcher de faire observer Maurice, frappé de la similitude.

— Oui, mon fils, répondit monsieur Fournier qui poursuivit aussitôt :

Grâce à un vieux rat de l'Opéra, son ami d'enfance, il alla jusqu'à lui ménager une place à la représentation de Guillaume Tell, ce qui émerveilla le Raton-Grand-Pif.

Jamais il n'avait entendu de plus belle musique ni des voix plus mélodieuses.

Le soir même, à minuit moins quelques minutes, les deux cousins revenaient tranquillement chez eux, causant du vif plaisir qu'ils venaient d'éprouver, quand un jeune

Raton-Fine-Oreille s'élança au-devant d'eux en faisant des gestes de désespoir.

— Père! père! reviens au plus vite à la maison! un grand malheur est arrivé! s'écriait-il.

A cette voix bien connue, le vieux rat et notre jeune provincial quittèrent un très-beau tas d'ordures où ils venaient de s'attabler en passant, et s'élancèrent au-devant du messager.

Le malheureux était tout en larmes.

— Que viens-tu m'annoncer? lui dit son père saisi de transes mortelles.

— Père! on va démolir notre maison!

— Démolir notre maison!!! répéta le chef de famille avec stupeur.

— Oui, père.

— Et de quel droit?

— Je l'ignore.

— Parbleu! nous allons le savoir.

Et les trois rats se mirent au galop pour regagner la rue Jeannisson.

Hélas! le jeune Raton-Fine-Oreille n'avait pas dit toute la vérité, car non-seulement on démolissait la maison de son père, mais on abattait encore les maisons environnantes; quelques jours encore, et la rue Jeannisson allait disparaître avec tous ses aboutissants.

Quand le vieux chef de famille rentra chez lui, il trouva sa femme, je veux dire sa *ratonne*, plongée dans le plus profond accablement; ses petits, groupés affectueusement autour d'elle, essayaient en vain de la consoler.

— Qu'allons-nous devenir? répondait-elle; nous sommes tous nés dans cette cave; c'est ici que je vous ai allaités, que j'ai assisté à votre premier pas, à vos premières gambades. C'est d'ici que vous êtes partis, les uns après les autres, pour vous répandre dans le quartier et y chercher votre nourriture quotidienne. Nous nous étions, votre père et moi, si bien dévoués à votre éducation, que vous étiez devenus bien vite aussi savants que nous-mêmes. Quand le pain et la bonne chère étaient rares, que la rue ne vous fournissait plus de quoi vivre, vous saviez, au milieu de la nuit, vous faufiler adroitement dans les maisons bourgeoises où ne se trouvaient ni chien ni chat ; vous les connaissiez toutes. Puis, à des époques plus pénibles, quand la disette était générale, vous n'étiez point en peine de pénétrer dans les coins les plus obscurs, les plus retirés du Théâtre-Français, où vous trouviez toujours quelque tragédie à ronger. Je me souviens même qu'un jour vous avez poussé l'espièglerie jusqu'à grignoter le faux-col d'un examinateur qui s'était profondément endormi dans l'exercice de ses fonctions... Nous en avons ri pendant plus de quinze jours, mais rien de tout cela n'est plus possible, et, après tant de bons moments, nous voilà tout à coup sans asile et sans pain.

Le vieux rat, qui avait écouté ces doléances d'un air sombre, s'écria avec une certaine impatience :

— Allons ! mère, tais-toi, ce ne sont pas, dans tous les cas, des gémissements qui nous tireront d'affaire... Et d'abord de qui tenez-vous cette nouvelle ?

— Nous la tenons de la mère des Raton-Bon-Pied-Bon-Œil, qui est venue nous l'annoncer, et tout le monde sait qu'elle est trop honnête pour induire personne en erreur... Sa désolation était d'ailleurs aussi profonde que la nôtre.

— J'ai la plus grande confiance dans nos excellents voisins, mais toute cette histoire peut bien n'être qu'un bavardage de ratonne, et je veux aller aux informations moi-même avant de prendre un parti.

Le vieux rat sortit après avoir prononcé ces paroles.

Il ne rentra au logis que le lendemain matin.

Son attitude faisait peine à voir.

Le malheureux ne doutait plus de la catastrophe qu'on lui avait annoncée, et ce qui était plus affreux encore, c'est qu'il avait acquis la certitude de ne pouvoir trouver un nouvel abri pour sa famille.

La raison en était facile à comprendre; les anciennes maisons qu'on laissait debout regorgeaient de rats depuis longtemps; quant aux nouvelles, elles appartenaient à des avares, qui transformaient les caves aussi bien que les combles en appartements splendides, utilisant ainsi jusqu'au dernier pouce de terrain.

Tout était donc bien fini pour eux, et il ne leur restait plus qu'à s'ensevelir sous les décombres de leur antique résidence.

La jeunesse de Raton-Grand-Pif ne l'empêchait pas d'avoir une assez bonne judiciaire que son séjour à Paris avait encore développée. Il avait beaucoup vu, beaucoup senti, beaucoup réfléchi depuis huit jours, et la pénible situation où il voyait des parents qui avaient été si bons pour lui le décida à prendre la parole.

— Chers cousins, dit-il d'une voix émue, je suis profondément touché du malheur qui vous atteint, mais je crois pouvoir dire ici qu'il n'est pas irréparable, et qu'il peut même en résulter un très-grand bien pour vous.

— Un très-grand bien! répéta la mère ratonne, en le regardant un peu de travers.

— Laissez-moi m'expliquer, chère et vénérable cousine, et vous verrez ensuite si j'ai sagement parlé.

— Eh bien, continue, cousin, dit brusquement le vieux rat, déjà aigri par l'adversité.

Raton-Grand-Pif se hâta de reprendre :

— Paris est certainement une belle ville, la plus belle des villes, si vous le voulez. Elle est splendidement éclairée, elle a de beaux théâtres, d'admirables boulevards, des jardins féeriques ; mais, entre nous, elle a bien ses... désagréments.

Le jeune orateur, qui disait toutes ces choses dans son langage de rat, avait lancé sa dernière phrase avec les plus grands ménagements, ce qui n'empêcha pas le père des Raton-Fine-Oreille, parisien de naissance, de la relever avec un ton d'aigreur.

— Je dirai des inconvénients, si vous préférez ce mot, reprit fort doucement notre provincial, et avant tout vous conviendrez bien qu'on n'y peut faire un pas, sans être en danger de se faire écraser.

— C'est vrai, dit malgré lui le vieux rat.

— Ensuite la nourriture y est toujours poivrée, salée, parfois truffée, assaisonnée de muscade, de girofle, de cannelle, sans compter qu'elle est souvent arrosée de boue.

— Il y a des cuisiniers plus ou moins bons, comme il y a des tas d'ordures plus ou moins propres, répondit le vieux rat.

— En un mot, la nourriture de votre beau Paris est échauffante.

— Je t'accorderai, mon ami, qu'elle pique un peu la langue.....

— C'est-à-dire qu'elle la met en feu, et quant à votre eau, elle est détestable.

— Notre eau ?

— Elle est trouble et malsaine.

— Oh, Oh !

— Il n'y a pas de oh, oh ! et, depuis huit jours que j'en bois.....

— Eh bien? demanda le vieux rat.

— Eh bien, que mes cousines me pardonnent ce détail. mais j'ai des coliques affreuses qui me forcent à tout moment.....

Le vieux rat se hâta d'interrompre son parent en lui faisant signe de la patte qu'il était inutile de s'expliquer davantage.

Raton-Grand-Pif reprit avec animation :

— Et ce gaz qui vous brûle les yeux, qui infecte l'air, qui infecte le sol où l'on ne peut plus creuser le moindre trou sans être contraint de se boucher les narines.

— Ça, je l'ai souvent dit, répondit le vieux rat.

— Et ce bruit infernal qui le jour et la nuit vous ferait croire que les maisons sont en train de s'écrouler sur votre tête.

— On s'y fait à la longue, répliqua le vieux rat.

— Se fait-on aussi à cette loi barbare qui empêche un pauvre animal de courir ou bon lui semble, de se coucher au soleil, de s'y endormir à son aise, et qui fait que chacun est en quelque sorte prisonnier dans le trou qu'il se creuse à grand'peine, et dont on est toujours prêt à le chasser ?

— Tu peux avoir raison, cousin, seulement je ne vois pas où tu veux en venir avec cette belle critique, fit observer le vieux rat qui commençait à s'impatienter.

— Je ne le devine pas non plus, ajouta la mère ratonne d'un ton bourru.

— Je le sais, moi, dit Maurice d'un air malin.

Monsieur Fournier poursuivit :

Raton-Grand-Pif répliqua aussitôt :

— Eh bien, chers parents, je veux vous dire une chose fort simple, c'est qu'il n'y a pas que Paris au monde, et que le plus sage pour nous est d'abandonner une ville où les rats n'ont plus qu'une ressource, celle de se faire écraser sous des décombres avec tous les leurs.

— Au fait ! dit le vieux Raton-Fine-Oreille en consultant du regard sa famille éplorée.

— C'est bientôt dit, mais où aller? grommela la mère ratonne.

— Vous le demandez! ah! c'est mal, s'écria Raton-Grand-Pif.

— Comment ? répliqua la ratonne avec surprise.

— Oui, car c'est méconnaître des parents qui seraient si heureux de vous donner asile.

— A la Martinière ? s'écria le vieux rat, qui croyait rêver.

— Sans doute! et vous auriez tort, je le dis sincèrement, croyez-le bien, de dédaigner un pays dont l'air est excellent, où vous trouveriez tous de l'espace à volonté, des ruisseaux

d'eau claire à chaque pas, où l'on peut, selon les saisons, s'approvisionner dans les champs, les caves ou les greniers; un pays où tout se trouve en abondance; où l'on peut à toute heure aller, venir, sauter, dormir, sans souci, sans contrôle.

— Cher Raton-Grand-Pif ! s'écria d'inspiration toute la famille du Raton-Fine-Oreille.

— Vous acceptez ma proposition ? demanda le provincial.

— Avec reconnaissance ! mon ami, dit le vieux rat en lui serrant les pattes.

Puis, se tournant vers les siens, afin de maîtriser son émotion, il ajouta d'une voix vibrante :

— Allons, vous autres ! qu'on fasse immédiatement ses paquets ; nous partirons dès cette nuit pour la Martinière.

— Bravo ! bravo ! s'écria Raton-Grand-Pif.

La nuit suivante, à une heure du matin, une douzaine de rats chargés de paquets, et marchant à la file indienne, traversaient silencieusement la place du Carrousel.

Ils se rendaient à la Martinière.

— Je l'avais deviné ! s'écria Maurice.

— Et moi aussi, dit Marianna.

— Cela prouve, mes enfants, que l'on peut admirer Paris, et avoir cent raisons pour lui préférer la campagne.

. . . .

Le soir même, à l'heure où elles allaient se mettre au lit, madame Leroy et Charlotte reçurent le télégramme suivant :

« Monsieur Fournier à madame Leroy — arrivés à bon « port — Maurice a laissé tomber un de ses fusils par la « portière du wagon ; c'était heureusement son plus ancien « — mille baisers pour toi et Charlotte — à bientôt ! n'ou- « blie pas ta promesse. »

TABLE DES MATIÈRES

BIBLIOTHÈQUE ROSE ILLUSTRÉE

POUR LES ENFANTS ET POUR LES ADOLESCENTS

Format in-18 jésus

A 2 FRANCS LE VOLUME

La Reliure en percaline rouge se paye en sus, tranches jaspées, 75 c.; tranches dorées, 1 fr.

1re SÉRIE POUR LES ENFANTS DE 4 A 8 ANS

ANONYMES

CHIEN ET CHAT

1 volume, traduit de l'anglais et illustré de 45 vignettes par BAYARD.

DOUZE HISTOIRES

POUR LES ENFANTS DE 4 A 8 ANS

Par une Mère de famille

1 vol., illustré de 18 vignettes par BERTALL.

LES ENFANTS D'AUJOURD'HUI

Par le même auteur

1 vol., illustré de 40 vignettes par BERTALL.

CARRAUD (Mme Z.)

HISTORIETTES VÉRITABLES

POUR LES ENFANTS DE 4 A 8 ANS

1 vol., illustré de 94 vignettes par G. FATH.

FATH (GEORGES)

LA SAGESSE DES ENFANTS

(Proverbes)

1 volume, illustré de 100 vignettes par l'auteur.

MARCEL (Mme JEANNE)

HISTOIRE D'UN CHEVAL DE BOIS

1 vol., illustré de 20 vignettes par E. BAYARD

PAPE-CARPANTIER (Mme)

HISTOIRE ET LEÇONS DE CHOSES

POUR LES ENFANTS

1 vol., illustré de 80 vign. par BERTALL.

Ouvrage couronné par l'Académie française.

PERRAULT

ET Mmes D'AULNOY ET LE PRINCE DE BEAUMONT

CONTES DE FÉES

1 vol., illustré de 40 vign. par BERTALL, FOREST, etc.

PORCHAT (J.)

CONTES MERVEILLEUX

1 vol., illustré de 21 vign. par BERTALL.

SCHMID (LE CHANOINE CH. VON)

CENT QUATRE-VINGT-DIX CONTES

POUR LES ENFANTS

Traduits de l'allemand par ANDRÉ VAN HASSELT, et illustrés de 29 gravures sur bois par BERTALL.

SÉGUR (Mme LA COMTESSE DE)

NOUVEAUX CONTES DE FÉES

1 volume, illustré de 46 vignettes par GUSTAVE DORÉ et H. DIDIER.

2e SÉRIE POUR LES ENFANTS DE 8 A 14 ANS

Format in-18 jésus

ANDERSEN

CONTES CHOISIS

Traduits du danois par Soldi. 1 volume, illustré de 40 vignettes par Bertall.

ANONYME

LES FÊTES D'ENFANTS

Scènes et dialogues, avec une préface de M. l'abbé Bautain. 1 vol., illustré de 42 vignettes par Foulquier.

ASSOLANT (Alfred)

LES AVENTURES MERVEILLEUSES MAIS AUTHENTIQUES DU CAPITAINE CORCORAN

2 volumes, illustrés de 50 vignettes par A. de Neuville.

Chaque volume se vend séparément.

BARRAU (Th.-H.)

AMOUR FILIAL

Récits à la Jeunesse

1 vol., illustré de 41 vignettes.

BAWR (Mme de)

NOUVEAUX CONTES

1 vol., illustré de 40 vign. par Bertall.

Ouvrage couronné par l'Académie française.

BELÈZE

JEUX DES ADOLESCENTS

1 vol., illustré de 140 vignettes par Coppin.

BERQUIN

CHOIX DE PETITS DRAMES ET DE CONTES

1 vol., illustré de 40 vignettes par Foulquier, etc.

BERTHET (Élie)

L'ENFANTS DES BOIS

1 volume, illustré de 61 vignettes.

BLANCHÈRE (de la)

LES AVENTURES DE LA RAMÉE

1 vol., illustré de 20 vign. par E. Forest.

BLANCHÈRE (de la)

ONCLE TOBIE LE PÊCHEUR

1 volume, illustré de 40 vignettes par Foulquier et Mesnel.

BOITEAU (P.)

LÉGENDES

Recueillies ou composées pour les enfants. 1 vol., illustréde 42 vign. par Bertall.

CARRAUD (Mme Z.)

LES GOUTERS DE LA GRAND'MÈRE

1 vol., illustré de 17 vignettes par É. Bayard.

LA PETITE JEANNE OU LE DEVOIR

1 vol., illustré de 20 vign. par Forest.

LES MÉTAMORPHOSES D'UNE GOUTTE D'EAU

1 vol., illustré de 50 vign. par É. Bayard.

CASTILLON (A.)

LES RÉCRÉATIONS PHYSIQUES

1 vol., illustré de 36 vign. par Castelli.

LES RÉCRÉATIONS CHIMIQUES

Ouvrage faisant suite au *Récréations physiques*. 1 vol., illustré de 34 vign. par Castelli.

CHABREUL (Mme de)

JEUX ET EXERCICES DES JEUNES FILLES

1 vol., illustré de 50 vignettes par Fath, et contenant la musique des rondes.

COLET (Mme L.)

ENFANCES CÉLÈBRES

1 vol., illustré de 57 vign. par Foulquier.

CONTES ALLEMANDS

Imités de Hébel et de Karl Simrock, par M. Martin. 1 vol., illustré de 27 vign. par Bertall.

Format in-18 jésus

CONTES ANGLAIS

CONTES ANGLAIS

Traduits par Mme DE WITT. 1 vol., illustré de 43 vignettes par MORIN.

EDGEWORTH (Miss)

CONTES DE L'ADOLESCENCE

Traduits par A. LE FRANÇOIS. 1 volume, illustré de 22 vign. par MORIN.

CONTES DE L'ENFANCE

Traduits par LE MÊME. 1 vol., illustré de 22 vignettes par FOULQUIER.

FÉNELON

FABLES

1 vol., illustré de 20 vignettes par FOREST et É. BAYARD.

FOE (DE)

LA VIE ET LES AVENTURES DE ROBINSON CRUSOÉ

Édition abrégée. 1 vol., illustré de 40 vign.

GENLIS (Mme DE)

CONTES MORAUX

1 vol., illustré de 40 vignettes par FOULQUIER, etc.

GOURAUD (Mlle JULIE)

L'ENFANT DU GUIDE

1 vol., illustré de 25 vign. par É. BAYARD.

CÉCILE OU LA PETITE SOEUR

1 vol., illustré de 25 vign. par DESANDRÉ.

LE PETIT COLPORTEUR

1 vol., illustré de 27 vignettes par A. DE NEUVILLE.

LES MÉMOIRES D'UN CANICHE

1 vol., illustré de 75 vign., par É. BAYARD.

LETTRES DE DEUX POUPÉES

1 vol., illustré de 59 vign. par OLIVIER.

LES MÉMOIRES D'UN PETIT GARÇON

1 vol., illustré de 84 vign. par BAYARD

GRIMM (Les frères)

CONTES CHOISIS

Traduits par FRÉD BAUDRY. 1 vol., illustré de 40 vign. par BERTALL.

HAUFF

LA CARAVANE

1 vol., traduit par A. TALON, illustré de 40 vign. par BERTALL.

L'AUBERGE DU SPESSART

Traduite par LE MÊME. 1 vol., illustré de 61 vignettes par BERTALL.

HAWTHORNE

LE LIVRE DES MERVEILLES

Traduit de l'anglais par L. RABILLON. 2 vol.

Chaque volume, illustré de 20 vignettes par Bertall, se vend séparément.

ISLE (Mlle HENRIETTE D')

HISTOIRE DE DEUX AMES

1 vol., illustré de 53 vign. par J. DEVAUX.

MAC-INTOSCH (Miss)

CONTES AMÉRICAINS

Traduits par Mme DIONIS. 2 vol., illustrés de 120 vign. par É. BAYARD.

MARCEL (Mme JEANNE)

LE BON FRÈRE

1 vol., illustré de 20 vign. par É. BAYARD.

LES PETITS VAGABONDS

1 vol., illustré de 25 vign. par É. BAYARD.

MAYNE REID (LE CAPITAINE)

A FOND DE CALE

1 vol. traduit de l'anglais par Mme H. LOREAU, illustré de 12 vignettes.

A LA MER !

1 vol., traduit par Mme H. LOREAU, illustré de 12 vignettes.

LE CHASSEUR DE PLANTES

1 vol., traduit par Mme H. LOREAU, illustré de 12 vignettes.

Format in-18 jésus

MAYNE REID (Le capitaine)

BRUIN
OU LES CHASSEURS D'OURS

1 vol., traduit par A. Letellier, illustré de 8 vignettes.

LES EXILÉS DANS LA FORÊT

1 vol., traduit par Mme H. Loreau, illustré de 12 vignettes.

LES GRIMPEURS DE ROCHERS

1 volume, traduit par Mme H. Loreau, illustré de 20 vignettes.

L'HABITATION DU DÉSERT

1 vol., traduit par A. Le François, illustré de 24 vign. par Gustave Doré.

LES PEUPLES ÉTRANGES

1 vol., traduit par Mme H. Loreau, illustré de 8 vignettes.

LES VACANCES DES JEUNES BOERS

1 vol., traduit par Mme H. Loreau, illustré de 12 vignettes.

LES VEILLÉES DE CHASSE

1 vol., traduit par H.-B. Révoil, illustré de 43 vignettes par Freeman.

PITRAY
NÉE DE SÉGUR (Mme la comtesse de)

LES ENFANTS DES TUILERIES

1 volume, illustré de 25 vignettes par E. Bayard.

LES DÉBUTS DU GROS PHILÉAS

1 vol., illustré de 57 vign. par H. Castelli.

SÉGUR (Mme la comtesse de)

DILOY LE CHEMINEAU

1 vol., illustré de 80 vign. par H. Castelli.

LE MAUVAIS GÉNIE

1 vol., illustré de 80 vign. par É. Bayard.

COMÉDIES ET PROVERBES

1 vol., illustré de 60 vign. par É. Bayard.

SÉGUR (Mme la comtesse de)

FRANÇOIS LE BOSSU

1 vol., illustré de 100 vign. par É. Bayard.

JEAN QUI GROGNE ET JEAN QUI RIT

1 vol., illustré de 70 vign. par Castelli.

LA FORTUNE DE GASPARD

1 vol., illustré de 32 vign. par Gerlier.

LA SŒUR DE GRIBOUILLE

1 vol., illustré de 70 vign. par Castelli.

L'AUBERGE DE L'ANGE-GARDIEN

1 vol., illustré de 75 vign. par Foulquier.

LE GÉNÉRAL DOURAKINE

1 vol., illustré de 108 vign. par É. Bayard.

LES BONS ENFANTS

1 vol., illustré de 70 vign. par Ferogio.

LES DEUX NIGAUDS

1 vol., illustré de 70 vign. par Castelli.

LES MALHEURS DE SOPHIE

1 vol., illustré de 42 vign. par Castelli.

LES PETITES FILLES MODÈLES

1 vol., illustré de 21 grandes vignettes par Bertall.

LES VACANCES

1 vol., illustré de 40 vign. par Bertall.

MÉMOIRES D'UN ANE

1 vol., illustré de 75 vign. par H. Castelli.

PAUVRE BLAISE !

1 vol., illustré de 76 vign. par H. Castelli.

QUEL AMOUR D'ENFANT !

1 vol., illustré de 79 vign. par É. Bayard.

UN BON PETIT DIABLE

1 vol., illustré de 100 vignettes par H. Castelli.

Format in-18 jésus

STOLZ (Mme DE)

LE TRÉSOR DE NANETTE

1 vol., illustré de 24 vign. par É. BAYARD.

SWIFT

VOYAGES DE GULLIVER

A LILLIPUT, A BROBDINGNAG ET AU PAYS DES HOUYHNHUMS

Traduits et abrégés à l'usage des enfants. 1 vol., illustré de 57 vignettes.

TAULIER

LES DEUX PETITS ROBINSONS

DE LA GRANDE-CHARTREUSE

1 vol., illustré de 69 vign. par É. BAYARD et HUBERT CLERGET.

TOURNIER

LES PREMIERS CHANTS

Poésies à l'usage de la jeunesse, illustrées de 20 vignettes par GUSTAVE ROUX.

VIMONT (CH.)

HISTOIRE D'UN NAVIRE

1 vol., illustré de 40 vignettes par ALEX. VIMONT.

WITT, NÉE GUIZOT (Mme P. DE)

ENFANTS ET PARENTS

Petits tableaux de famille. 1 vol., illustré de 34 vignettes par A. DE NEUVILLE.

3E SÉRIE, POUR LES ADOLESCENTS

ET POUVANT FOURNIR UNE BIBLIOTHÈQUE POUR LES JEUNES FILLES DE 14 A 18 ANS

VOYAGES

AUNET (Mme L. D')

VOYAGE

D'UNE FEMME AU SPITZBERG

1 vol., illustré de 34 vignettes

BAINES (THOMAS)

VOYAGES

DANS LE SUD-OUEST DE L'AFRIQUE

Traduits et abrégés par J. BELIN DE LAUNAY. 1 vol. contenant 1 carte et 22 grav.

BALDWIN

DU NATAL AU ZAMBÈZE

(1861-1865).

Récits de chasse, traduits par Mme HENRIETTE LOREAU, et abrégés par J. BELIN DE LAUNAY. 1 vol., illustré de gravures sur bois.

CATLIN

LA VIE CHEZ LES INDIENS

Traduit de l'anglais. 1 vol., illustré de 25 vignettes.

HERVÉ ET DE LANOYE

VOYAGES

DANS LES GLACES DU POLE ARCTIQUE

1 vol., illustré de 40 vignettes.

LANOYE (FERD. DE)

RAMSÈS LE GRAND

ou l'Égypte il y a trois mille trois cents ans

1 vol., illustré de 40 vignettes par LANCELOT, BAYARD, etc.

LA SIBÉRIE

1 vol., illustré de 40 vignettes par LEBRETON, etc.

LES

GRANDES SCÈNES DE LA NATURE

1 vol., illustré de 40 vignettes.

LA MER POLAIRE

VOYAGE DE L'ÉRÈBE ET DE LA TERREUR

Et expédition à la recherche de Franklin

1 vol., illustré de 26 vignettes et accompagné de cartes.

LIVINGSTONE (DAVID et CHARLES)

VOYAGES

DANS L AFRIQUE AUSTRALE

Abrégés par J. BELIN DE LAUNAY. 1 vol., illustré de gravures sur bois.

Format in-18 jésus

MOUHOT (Charles)

VOYAGE DANS LE ROYAUME DE SIAM
LE CAMBODGE ET LE LAOS

1 volume, illustré de 28 gravures sur bois et d'une carte.

PFEIFFER (Mme Ida)

VOYAGES AUTOUR DU MONDE

1 vol., illustré de 20 gravures sur bois.

PERRON D'ARC

AVENTURES EN AUSTRALIE
NEUF MOIS CHEZ LES NAGARNOOKS

1 vol., illustré de 25 gravures sur bois par Lix.

SPEKE

LES SOURCES DU NIL

Édition abrégée par J. Belin de Launay des Voyages de Speke et de Grant. 1 vol., illustré de 24 grav. sur bois et 3 cartes.

VAMBÉRY (Arminius)

VOYAGES
D'UN FAUX DERVICHE DANS L'ASIE CENTRALE

Traduit de l'anglais par É. D. Forgues, édition abrégée par J. Belin de Launay. 1 vol., illustré de 16 gravures sur bois et 1 carte.

HISTOIRE

LOYAL SERVITEUR (Le)

HISTOIRE
DU GENTIL SEIGNEUR DE BAYART

Revue et abrégée, à l'usage de la jeunesse, par Alph. Feillet. 1 vol., illustré de 36 vignettes par P. Sellier.

MARC-MONNIER

POMPÉI ET LES POMPÉIENS.

Édition à l'usage de la jeunesse. 1 vol., illustré de 20 vignettes par Thérond.

PLUTARQUE

LES GRECS ILLUSTRES

Édition abrégée sur la traduction de M. É. Talbot, par Alph. Feillet. 1 vol., illustré de 53 vignettes par P. Sellier.

LES ROMAINS ILLUSTRES

Édition abrégée par A. Feillet, sur la traduction de M. Talbot. 1 vol., illustré de 50 vignettes.

RETZ (Le cardinal)

MÉMOIRES

Abrégés par M. Alphonse Feillet. 1 vol., illustré de 30 vignettes par Gilbert, etc.

LITTÉRATURE

BERNARDIN DE SAINT-PIERRE

ŒUVRES CHOISIES

1 vol., illustré de 20 vign. par É. Bayard.

CERVANTÈS

HISTOIRE
DE L'ADMIRABLE DON QUICHOTE DE LA MANCHE

Édition à l'usage de la jeunesse. 1 vol., illustré de 54 vignettes par Bertall et Forest.

HOMÈRE

L'ILIADE ET L'ODYSSÉE

Traduites par P. Giguet, abrégées par Alph. Feillet, et illustrées de 33 vign. sur bois par Olivier. 1 vol.

LE SAGE

AVENTURES DE GIL BLAS

Édition destinée à l'adolescence, et illustrée de 42 vignettes par Leroux. 1 vol.

MAISTRE (Xavier de)

ŒUVRES CHOISIES

1 vol., illustré de 20 vign. par É. Bayard.

MOLIÈRE

ŒUVRES CHOISIES

Abrégées à l'usage de la jeunesse. 2 vol., illustrés de 22 vignettes par Hillemacher.

VIRGILE

ŒUVRES CHOISIES

Traduites et abrégées à l'usage de la jeunesse, par Th. Barrau et Alph. Feillet. 1 vol., illustré de 20 vign. par P. Sellier.

Corbeil. — Typ. et stér. de Crété.

www.ingramcontent.com/pod-product-compliance
Ingram Content Group UK Ltd.
Pitfield, Milton Keynes, MK11 3LW, UK
UKHW020308230726
13925UKWH00001B/297

9 782013 668804